Desiree Dibra

Power-Grammatik Niederländisch

Für Anfänger
zum Üben & Nachschlagen

Hueber Verlag

Unter Mitarbeit von: Elke Sagenschneider

3. 2. 1. | Die letzten Ziffern
2020 19 18 17 16 | bezeichnen Zahl und Jahr des Druckes.
Alle Drucke dieser Auflage können, da unverändert, nebeneinander benutzt werden.
1. Auflage

Umschlaggestaltung: creative partners gmbh, München
Coverfoto: © Shotshop/LFL
Illustrationen: Martin Guhl, Stein am Rhein, Schweiz (www.cartoonexpress.ch)
Redaktion: Elke Sagenschneider, München
Layout und Satz: Sieveking · Agentur für Kommunikation, München und Berlin
Druck und Bindung: Kessler Druck + Medien GmbH & Co. KG, Bobingen
Printed in Germany
ISBN 978-3-19-037917-0

Art. 530_20578_001_01

Eine Grammatik für Lernende ab Niveau A1

Liebe Lernerin, lieber Lerner,

mit der Power-Grammatik Niederländisch können Sie die niederländische Sprache von Anfang an entdecken oder Ihre Kenntnisse festigen und erweitern.

Eine Grundgrammatik, klar und einfach formuliert

Die Power-Grammatik Niederländisch behandelt alle wichtigen Themen der niederländischen Grundgrammatik. Die Erklärungen sind in einer einfachen Sprache formuliert und werden von zahlreichen Beispielen begleitet.

Vielseitig einsetzbar

Die Power-Grammatik Niederländisch kann sowohl zum Selbststudium als auch kursbegleitend eingesetzt werden.

Klarer Aufbau: Entdecken → Verstehen → Anwenden

Jedes Kapitel umfasst zwei Seiten:

- Auf der linken Seite entdecken Sie zunächst das grammatische Thema mit Hilfe eines witzigen Cartoons.
- Es folgen auf derselben Seite Erklärungen mit übersichtlichen Tabellen und Beispielen mit deutscher Übersetzung.
- Auf der rechten Seite haben Sie dann Gelegenheit, das bereits Gelernte anhand von abwechslungsreichen Übungen anzuwenden und zu festigen.

Lernen und Üben in kleinen Schritten

In der Power-Grammatik Niederländisch sind komplexere Themen über mehrere Kapitel verteilt, sodass die Einheiten klein und überschaubar sind. Die gesamte Power-Grammatik Niederländisch ist in fünf Abschnitte unterteilt. Am Ende eines jeden Abschnitts haben Sie die Möglichkeit, in einem Multiple-Choice-Test Ihre Fortschritte selbst zu evaluieren.

Im **Anhang** finden Sie:

- den Lösungsschlüssel zu allen Übungen
- eine Liste der unregelmäßigen Verben
- die Zahlen
- ein Stichwortregister zur schnelleren Orientierung
- ein zweisprachiges Glossar (Niederländisch-Deutsch) des Übungswortschatzes

Wir wünschen Ihnen viel Freude und viel Erfolg beim Lernen und Üben der niederländischen Sprache.

Autorin und Verlag

1 De kok kookt met kokos. Jij ook?

Der Koch kocht mit Kokos. Du auch?

Aussprache & Rechtschreibung 1

Für die Rechtschreibung und die Aussprache des Niederländischen ist die Unterscheidung zwischen offenen und geschlossenen Silben sehr wichtig.

Eine Silbe ist **offen**, wenn sie auf einen Vokal endet, z. B. **ko**-ken *kochen*, **ma**-ken *tun, machen*. Eine Silbe ist **geschlossen**, wenn sie auf einen Konsonanten endet, z. B. **koks** *Köche*, **ook** *auch*.

Die Silbenstruktur (offen oder geschlossen) beeinflusst die Aussprache des Vokals:

Silbe endet auf	Silbenstruktur	1 Vokal	Beispiel
Vokal	offen	lang	**ko**-ken, **ma**-ken
Konsonanten	geschlossen	kurz	**koks**, ko-**kos**

In geschlossenen Silben werden nur Doppelvokale lang gesprochen:

Silbe endet auf	Silbenstruktur	2 Vokale	Beispiel
Konsonanten	geschlossen	lang	**ook**, **kaal**, ba-**naan**

REGEL Durch Konjugation oder Deklination kann sich die Silbenstruktur des Wortstamms verändern: aus einer offenen Silbe wird eine geschlossene und umgekehrt. Damit die Länge des Vokals gleich bleibt, passt sich die Rechtschreibung an.

Grundform	ergäbe gebeugt		Rechtschreibung
ko-ken *kochen* offene Silbe, 1 Vokal → lang	~~ik kok~~ geschlossene Silbe, 1 Vokal → kurz	falsch!	Vokal verdoppeln → lang Ergebnis: ik kook *ich koche*
ba-naan *Banane* geschlossene Silbe, 2 Vokale → lang	~~ba-naa-nen~~ offene Silbe, 2 Vokale → lang	falsch!	1 Vokal streichen → bleibt lang Ergebnis: ba-na-nen *Bananen*
bal *Ball* geschlossene Silbe, 1 Vokal → kurz	~~ba - len~~ offene Silbe, 1 Vokal → lang	falsch!	1 Konsonant hinzufügen, Silbe wird so geschlossen 1 Vokal → kurz Ergebnis: bal - len *Bälle*

! Die Diphthonge au, ei, eu, ie, ij, oe, ou, und ui sind immer lang. Deswegen muss man bei ihnen die Rechtschreibung nie anpassen: boek (geschlossen) *Buch* → boeken (offen) *Bücher.*
Eine Silbe endet nie auf einen Doppelvokal. Ausnahme: Wörter mit der Endung -ee: idee *Idee*, twee *zwei*.

1. Trennen Sie folgende Wörter in Silben.

a. heten *he-ten*
b. zeker ______
c. terras ______
d. vandaan ______
e. Nederlands ______
f. plaats ______
g. zeggen ______
h. spreken ______
i. Oostenrijk ______
j. pannenkoek ______

2. Markieren Sie die offenen Silben. Achtung: Nicht jedes Wort hat eine!

a. avond
b. voetbal
c. vakantie
d. kopen
e. morgen
f. muziek
g. eten
h. zondag
i. natuurlijk
j. zaterdag
k. leren
l. mama

3. Wird der markierte Vokal lang oder kurz ausgesprochen?

a. Ik g**a** naar huis. ☐ kurz ☐ lang
b. Hij h**ee**t Bernd. ☐ kurz ☐ lang
c. Daar staan twee m**a**nnen. ☐ kurz ☐ lang
d. Een huis heeft vier m**u**ren. ☐ kurz ☐ lang

4. Bilden Sie die 1. Person Singular, indem Sie -en entfernen (→ Kapitel 24). Achten Sie dabei auf die Schreibweise der Verbform.

a. spreken Ik *spreek* Duits, Engels en Nederlands.
b. denken Ik ______ niet dat ik vanavond kom.
c. lopen Ik ______ snel naar huis.
d. studeren Ik ______ filosofie.
e. wonen Ik ______ in Keulen.

5. Bilden Sie den Plural, indem Sie -en hinzufügen (→ Kapitel 4) und achten Sie dabei auf die Schreibweise.

a. Ik eet graag *tomaten*. *(tomaat)*
b. Een poes heeft vier ______. *(poot)*
c. Op de tafel staan twee ______. *(theepot)*
d. Ik vind ______ heel leuk. *(hond)*
e. Mijn moeder vindt ______ lekker. *(peer)*

6. Im zweiten Satz ist jeweils ein Wort falsch geschrieben. Streichen Sie es durch.

a. Het boek is rood. Het roode/rode boek.
b. De auto is wit. De wite/witte auto.
c. De pen is zwart. De zwaarte/zwarte pen.
d. De citroen is zuur. De zuure/zure citroen.

Aussprache & Rechtschreibung 2

Neben den Regeln zu den Vokalen gibt es einige weitere wichtige Regeln zur Rechtschreibung.

Doppelkonsonant

REGEL Eine Silbe endet nie auf einen Doppelkonsonanten. Im Deutschen führen zwei gleiche Konsonanten am Ende einer Silbe dazu, dass der Vokal in der Silbe kurz gesprochen wird. Das ist im Niederländischen nicht nötig: schon mit **einem** Konsonanten am Silbenende wird der Vokal kurz ausgesprochen (→ Kapitel 1). Achten Sie auf den Unterschied zu den deutschen Wörtern: bal *Ball*, man *Mann*, wil *will*, kan *kann*. Ausnahmen sind Lehnwörter wie z. B. jazz und stress.

vf- und zs-Wechsel

REGEL Niederländische Wörter enden nie auf -z oder -v. Falls diese Buchstaben durch Konjugation oder Deklination am Wortende stehen, werden sie durch -s bzw. -f ersetzt.

Grundform		ergäbe gebeugt		Rechtschreibung	
schrijven	*schreiben*	~~ik schrijv~~	falsch!	ik schrij**f**	*ich schreibe*
wijzen	*zeigen*	~~ik wijz~~	falsch!	ik wij**s**	*ich zeige*

Diese Regel gilt auch umgekehrt: Steht am Silbenende ein -s oder -f, so wird bei einer veränderten Silbenstruktur (→ Kapitel 1) -z oder -v geschrieben:
neef *Neffe* → neven *Neffen*, boos → boze *böse*.
Von dieser Regel gibt es ein paar Ausnahmen, z. B. mens *Mensch* → mensen *Menschen*.

Trema

REGEL Folgen zwei Vokale aufeinander, die zu unterschiedlichen Silben gehören und getrennt ausgesprochen werden, dann schreibt man über den zweiten Vokal zwei Punkte („Trema"): geïnteresseerd interessiert, België *Belgien*, coördinatie *Koordination*.

Groß- und Kleinschreibung

REGEL Im Niederländischen steht ein Großbuchstabe nur am Satzanfang, bei Eigennamen sowie deren Abkürzungen und bei geographischen Bezeichnungen bzw. Ableitungen davon: Nederlandse kaas *niederländischer Käse*, Duits bier *deutsches Bier*.

! In den Niederlanden schreibt man Einschübe bei Nachnamen wie van, van de, van der klein, wenn vorher Vorname oder Initialen stehen: Claudia van der Valk, C. van der Valk, aber: mevrouw Van der Valk.

1. Welche Wörter müssen großgeschrieben werden?

a. mevrouw van der voort reist het liefst met haar franse autootje.
b. de afspraak met karin de groot is vandaag om 10 uur.
c. een frans kaasje, italiaanse wijn, een paar druiven en een hollywood-film … heerlijk!
d. geert-jan van der waal is de leidinggevende van mariska pieters-de groot.

2. Bilden Sie die 1. Person Singular, indem Sie -en entfernen. Achten Sie dabei auf die Rechtschreibung.

a. Ik ________________ vandaag thuis. *(blijven)*
b. Ik ________________ Gerd om zeven uur. *(bellen)*
c. Ik ________________ veel in de zomer. *(niezen)*
d. Mijn zus helpt me, als ik ________________. *(verhuizen)*.
e. Ik ________________ niet vaak voor de televisie. *(zitten)*
f. Als het warm is, ________________ ik het liefst in het water. *(plonzen)*

3. Bilden Sie die Pluralform (→ Kapitel 4), indem Sie -en hinzufügen. Achten Sie auf die Rechtschreibung.

a. Hij heeft vier ________________. *(huis)*
b. Ik vind ________________ niet lekker. *(olijf)*
c. Ik werk voor twee ________________. *(baas)*
d. Ik schrijf dagelijks op mijn werk veel ________________. *(brief)*

4. Bei diesen Adjektiven muss die Endung -e angehängt werden (→ Kapitel 8). Achten Sie auf die Rechtschreibung.

a. Ik heb ________________ vrienden. *(lief)*
b. Bah, dat is een ________________ handdoek. *(vies)*
c. Ik vind die ________________ brief niet leuk. *(boos)*
d. Kijk, ik heb al een paar ________________ haren. *(grijs)*
e. ________________ mensen kunnen niet goed horen. *(doof)*

5. Ergänzen Sie das fehlende Trema.

a. Australie
b. kopieren
c. financiele
d. ruine
e. patient
f. beinvloeden
g. kolonien
h. skien
i. reeel

3 De rode auto is van Anna. – Echt? Dat is Anna's auto?

Das rote Auto ist Annas. – Wirklich? Das ist Annas Auto?

Artikel und Substantive: Singular

Im Niederländischen lautet der unbestimmte Artikel immer een. Der bestimmte Artikel lautet je nach Wortgeschlecht (männlich/weiblich oder sächlich) de oder het.

	Singular bestimmt		Singular unbestimmt	
männlich und weiblich	**de** man	*der Mann*	**een** man	*ein Mann*
	de vrouw	*die Frau*	**een** vrouw	*eine Frau*
	de tafel	*der Tisch*	**een** tafel	*ein Tisch*
sächlich	**het** kind	*das Kind*	**een** kind	*ein Kind*
	het kopje	*die Tasse*	**een** kopje	*eine Tasse*

In vielen Fällen entsprechen deutsche männliche und weibliche Substantive im Niederländischen den de-Wörtern; deutsche sächliche Substantive sind oft het-Wörter. Leider gilt das aber nicht immer, z. B. *das Auto* de auto, *die Nummer* het nummer. Am besten prägen Sie sich alle het-Wörter gleich zusammen mit dem Artikel ein.

REGEL Artikel und Substantive verändern sich nicht, wenn sie die Funktion eines Objekts haben oder nach Präpositionen stehen.

De man drinkt een kopje koffie. — ***Der** Mann trinkt eine Tasse Kaffee.*
Ik geef **de** man een kopje koffie. — *Ich gebe **dem** Mann eine Tasse Kaffee.*
Ik ga **met de** man een kopje koffie drinken. — *Ich gehe **mit dem** Mann eine Tasse Kaffee trinken.*

! Im Genitiv wird jedoch nach Konsonanten -s, nach langen Vokalen 's und nach einem Substantiv, das auf -s endet, ein Apostroph angehängt.

Henk**s** auto staat daar. — *Henks Auto steht dort.*
Romeo**'s** en Julia**'s** balkon is klein. — *Romeos und Julias Balkon ist klein.*
Koos' caravan is nieuw. — *Koos Wohnwagen ist neu.*

REGEL Verbreiteter ist jedoch die Umschreibung des Genitivs mit van *von*.

De auto **van** Henk staat daar. — *Das Auto von Henk steht dort.*
Het balkon **van** Romeo en Julia is klein. — *Der Balkon von Romeo und Julia ist klein.*
De caravan **van** Koos is nieuw. — *Der Wohnwagen von Koos ist neu.*

morgen meisje trein
maand terras Nederlands
jaar auto nummer
krant moeder kopje

1. Ordnen Sie folgende Wörter nach ihrem Artikel:

het-Wörter	de-Wörter
________	________
________	________
________	________
________	________
________	________
________	________

2. Ergänzen Sie mit de oder het.

a. _______ moeder roept haar kind.
b. _______ auto staat in de straat.
c. Ik lees iedere dag _______ krant.
d. _______ kopje koffie smaakt heerlijk.
e. In _______ Nederlands zeg je ook „hallo".
f. Ik ga met _______ trein naar mijn werk.

3. Ergänzen Sie mit de oder het. Verbinden Sie jeweils zwei Wörter, die zusammengehören.

a. _______ fiets	1. _______ tijdschrift
b. _______ stoel	2. _______ tafel
c. _______ radio	3. _______ auto
d. _______ boek	4. _______ woning
e. _______ huis	5. _______ televisie
f. _______ weer	6. _______ zee
g. _______ strand	7. _______ zon

4. Ergänzen Sie mit der richtigen Genitivform (-s, -'s oder ').

a. Ik weet niet waar Otto___ werk is.
b. Dana___ hond heet Whisky.
c. Marek___ kamer is niet opgeruimd.
d. Ik heb opa___ cadeau al ingepakt.
e. Claus___ fiets is vandaag gestolen.
f. Ik heb vanmidag Jos___ vrouw gezien.

5. Wandeln Sie jetzt die Sätze aus Aufgabe 4 in die van-Form um.

a. Ik weet niet waar *het werk van Otto is* .
b. De _______________ heet Whisky.
c. De _______________ is niet opgeruimd.
d. Het _______________ heb ik al ingepakt.
e. De _______________ is vandaag gestolen.
f. Ik heb vanmiddag de _______________ gezien.

Artikel und Substantive: Plural

REGEL Der bestimmte Artikel im Plural ist immer **de**, einen unbestimmten Artikel gibt es im Plural nicht.

REGEL Die meisten Substantive bilden den Plural auf **-en**.

REGEL Mehrsilbige Substantive, die mit den unbetonten Silben -e, -el, -em, -en, -er, -je, -ie enden, bilden den Plural auf **-s**.

REGEL Substantive, die mit den Vokalen -a, -i, -o, -u, -y enden, bilden den Plural auf **'s**.

REGEL Mehrsilbige Substantive, die auf betontes -e enden, bilden den Plural auf **-s**.

Singular		Plural
het land	*das Land*	de lan**den**
de jongen	*der Junge*	de jongen**s**
het meisje	*das Mädchen*	de meisje**s**
de portie	*die Portion*	de portie**s**
de collega	*der Kollege*	de collega**'s**
de taxi	*das Taxi*	de taxi**'s**
het café	*das Café*	de café**s**

! Substantive, die auf -heid enden, bilden den Plural auf **-heden**.
Ik erger me aan kleinigheden. *Ich ärgere mich über Kleinigkeiten.*
Zijn er nog andere mogelijkheden? *Gibt es noch andere Möglichkeiten?*

REGEL Substantive lateinischer oder griechischer Herkunft bilden den Plural nach anderen Regeln:

	Singular		Plural
-um → **-a**	het centrum	*das Zentrum*	de centr**a**
-icus → **-ici**	de musicus	*der Musiker*	de mus**ici**
-logus → **-logi**	de catalogus	*der Katalog*	de cata**logi**

! Mittlerweile sind bei den Wörtern auf -um auch Pluralbildungen auf -s erlaubt, also centrums *Zentren*, museums *Museen*, empfohlen wird aber centra, musea usw.

! Bei der Pluralbildung sind die Rechtschreibregeln (→ Kapitel 2) zu beachten:
man → mannen *Männer*, uur → uren *Stunden*, neef → neven *Neffen*, haas → hazen *Hasen*.

1. Ergänzen Sie die drei Hauptregeln zur Pluralbildung.

a. Die meisten niederländischen Wörter … bilden den Plural auf ________

b. Mehrsilbige Wörter auf -e, -el, -em, -er, -en, -je,- ie und -é … bilden den Plural auf ________

c. Substantive auf -a, -i, -o, -u oder -y … bilden den Plural auf ________

2. Vervollständigen Sie mit der fehlenden Singular- oder Pluralform.

Singular	Plural	Singular	Plural
a. de auto	de auto's	f. de tafel	________
b. ________	de huizen	g. ________	de centra
c. het meisje	________	h. de politicus	________
d. ________	de mannen	i. ________	de musea
e. het boek	________	j. de historicus	________

3. Verbinden Sie die Substantive mit der passenden Pluralendung.

moeder menu ring stoel tafel

-en -s -'s

collega computer krant baby land

4. Bilden Sie den Plural der Substantive und vervollständigen Sie die Sätze.

a. Ik lees op dit moment twee ________. *(boek)*

b. Ik heb twee leuke ________, ze heten Froukje en Marije. *(dochter)*

c. Hopelijk komen mijn twee ________ ook naar het feest. *(zus)*

d. De kat jaagt iedere dag op ________. *(muis)*

e. Zijn er nog ________? *(onduidelijkheid)*

f. Na het eten was ik de ________ af. *(pan)*

g. We gaan naar twee ________. *(museum)*

h. ________ werken heel veel. *(politicus)*

i. Kijk, daar liggen de ________ voor de vakantie. *(catalogus)*

j. ________ komen oorspronkelijk niet uit Nederland. *(tulp)*

k. De ________ hebben we nog niet besproken. *(thema)*

Eén dag, twee dagen, nog drie dagen … dan komt hij!

Ein Tag, zwei Tage, noch drei Tage … dann kommt er!

Substantive: Besonderheiten der Pluralbildung

REGEL Nach Zahlenangaben sowie nach den Wörtern hoeveel *(wie viel)* und een paar *(ein paar, ein Paar)* bilden die folgenden Wörter keinen Plural:
gram *Gramm*, jaar *Jahr*
kilo *Kilo*, kilometer *Kilometer*,
kwartier *Viertelstunde*, liter *Liter*
pond *Pfund*, uur *Stunde*
sowie die meisten Währungseinheiten.

Ohne Plural

Twee **kilo** bananen, alstublieft.
Zwei Kilo Bananen, bitte.
Hoeveel **jaar** heb je daar gewoond?
Wie viele Jahre hast du dort gewohnt?
Ik woon al tien **jaar** in Amsterdam.
Ich wohne schon zehn Jahre in Amsterdam.
Naar Edam is het tien **kilometer**.
Nach Edam sind es zehn Kilometer.

Mit Plural

Ik ben **kilo's** aangekomen.
Ich habe etliche Kilos zugenommen.

Ik heb **jaren** in Rotterdam gewoond.
Ich habe viele Jahre in Rotterdam gewohnt.

Ik heb **kilometers** gelopen.
Ich bin viele Kilometer gelaufen.

! Einige Substantive bilden einen unregelmäßigen Plural. Die wichtigsten:

Singular	Plural	Besonderheiten
de weg *Weg* het spel *Spiel*	de wegen de spelen	Vokallänge wechselt
het glas *Glas* de dag *Tag*	de glazen de dagen	Vokallänge wechselt
de stad *Stadt* het schip *Schiff*	de steden de schepen	Vokalwechsel
de oom *Onkel* de broer *Bruder*	de ooms de broers	-s im Plural bei einsilbigen Substantiven
de zoon *Sohn* de leraar *Lehrer*	de zoons/zonen de leraars/leraren	zwei Pluralformen
het kind *Kind* het ei *Ei* het blad *Blatt*	de kinderen de eieren de bladeren	-eren als Pluralform

1. Ist die verwendete Pluralform richtig? Kreuzen Sie an. Ergänzen Sie gegebenenfalls die richtige Form.

	richtig	falsch	
a. Eén keer in de week loop ik drie kwartieren naar de markt.	☐	☐	______
b. Dat doe ik eigenlijk al sinds jaren.	☐	☐	______
c. Hoeveel kilometers het is? Ik heb eigenlijk geen idee.	☐	☐	______
d. Daar haal ik altijd een paar kilo's appels. Lekker!	☐	☐	______
e. Uren kan ik daar rondlopen.	☐	☐	______
f. Hoeveel euro ik dan uitgeef, wil ik liever niet weten.	☐	☐	______
g. Appels dus, maar ook een paar gram worst, stroopwafels.	☐	☐	______
h. Mijn rugzak voelt kilo's zwaarder aan dan op de heenweg.	☐	☐	______
i. Als ik thuiskom ga ik eerst heerlijk tevreden twee uren slapen.	☐	☐	______

2. Die folgenden Silben ergeben, richtig zusammengefügt, acht Substantive im Plural. Ergänzen Sie den Singular.

bla ren gen de den sche me

gen ters kin pen ei e ren

ki we ste da de ren lo

Plural	Singular
______	______
______	______
______	______
______	______
______	______
______	______
______	______
______	______

3. Ergänzen Sie mit der richtigen Form – Singular oder Plural?

a. In de herfst verliezen de bomen hun ______. *(blad)*
b. „Vele ______ leiden naar Rome“, is een oud spreekwoord. *(weg)*
c. Mijn man werkt drie ______ per week thuis. *(dag)*
d. In de haven liggen vele ______. *(schip)*
e. Onze ______ zijn heel streng. *(leraar)*
f. Koop je nog een paar ______? *(liter)*
g. De ______ van mijn moeder zijn mijn ______. *(broer, oom)*
h. Mijn ______ verdienen hun eigen geld. *(kind)*

6 Lekker kopje koffie in het zonnetje, krantje erbij, heerlijk!

Eine gute Tasse Kaffee in der Sonne, Zeitung dazu, herrlich!

Diminutive

Typisch für das Niederländische ist der Gebrauch von Verkleinerungsformen (Diminutiven). Sie werden wesentlich öfter benutzt als im Deutschen. Diminutive drücken meist aus, dass etwas klein, niedlich oder auf irgendeine Art positiv (nett, angenehm) ist. Alle verkleinerten Wörter sind **het**-Wörter.

REGEL In den meisten Fällen wird die Verkleinerungsform mit der Endung -je gebildet: boek → boek**je**. Weil das -je am Wortende nicht immer leicht zu sprechen ist, verändert es sich in den folgenden Fällen ein wenig:

Wort endet	Endung	Beispiel	
auf Vokal	-tje	ui → uitje	*Zwiebel*
auf langen Vokal + -l, -r, -n	-tje	weer → weertje	*Wetter*
auf kurzen Vokal + -l, -r, -n, -m, -p, -g, -ng	-etje	ding → dingetje	*Ding*
auf langen Vokal + -m, -lm, -rm	-pje	boom → boompje	*Baum*
auf -ing und die Betonung liegt auf der vorletzten Silbe	-kje, (-g entfällt)	koning → koninkje	*König*

! Manche Wörter haben in der Verkleinerungsform eine etwas andere Bedeutung als das Grundwort:
het ijs *das Eis* → het ijs**je** *das Speiseeis*
de telefoon *das Telefon* → het telefoontje *der Telefonanruf*

! Ein Diminutiv drückt meist aus, dass etwas positiv wahrgenommen wird. Doch manchmal liegt im Diminutiv auch Geringschätzung:
Hij vindt Nederlands een raar taaltje. *Er findet Niederländisch eine komische Sprache.*

REGEL Die Verkleinerungsform kann man nicht nur an Substantive hängen. Auch andere Wortarten kann man mit einem Diminutiv versehen und so zu einem Substantiv machen:
toe *zu* → het toetje *Nachtisch* (wörtl.: *Eine Kleinigkeit, die dazukommt*)
twaalf uur *zwölf Uhr* → het twaalfuurtje *kleiner Mittagsimbiss*
mobiel *mobil* → het mobieltje *das Handy*

1. Unterstreichen Sie in dem folgenden Text die Diminutive.

Het wordt een mooi dagje. Lekker weertje: het zonnetje schijnt en ik heb tijd voor mijn kopje koffie en mijn krantje. We zitten op het bankje voor ons vakantiehuisje. Mijn dochtertje maakt op een papiertje een mooi tekeningetje voor mij. Ik lees berichtjes over politiek en cultuur, zie tabelletjes en grafiekjes die me niet interesseren. Met ingespannen gezichtje tekent mijn dochtertje een boompje en een huisje en ik herken ons vakantiehuisje. Ze tekent zichzelf: een koninginnetje met een kroontje op haar hoofd. Met blauw tekent ze de zee en met geel het kleine strandje waar we iedere dag een wandelingetje maken. Ze kijkt tevreden naar haar kunstwerkje. „Hier, mama, voor jou.“. Wat is ze toch een schatje! Als dank geef ik haar een kusje op haar wangetje.

2. Teilen Sie die Diminutive aus Übung 1 ein. Welche Endung kommt am häufigsten vor?

-je	-tje	-etje	-pje	-kje
dagje	weertje			

3. Geben Sie zu den Diminutiven in den folgenden Sätzen das Grundwort an.

a. Ik woon in de buurt van een parkje. park
b. Sarah rijdt in een leuk klein autootje. ____________
c. Hij woont in een piepklein studentenwoninkje. ____________
d. Wilt u een tasje voor uw boodschappen? ____________
e. Ik ken een heel mooi winkeltje. ____________
f. Met het bezempje maak ik alles schoon. ____________

4. Ergänzen Sie das Diminutiv.

a. Heb je honger? Hier, neem een ____________. *(brood)*
b. Ik drink iedere morgen een ____________ thee. *(kop)*
c. Ze heeft een ____________ van haar vriend. *(foto)*
d. Hoe heet zo'n ____________? *(ding)*
e. Hij woont op een klein ____________. *(kamer)*
f. Ze draagt dat ____________ iedere dag. *(ketting)*
g. Op ieder ____________ past een ____________. *(pot; deksel)*

7 Ik ben kunstenares. En mijn zoon is nu al een kunstenaar!

Ich bin Künstlerin. Und mein Sohn ist jetzt schon ein Künstler!

Berufsbezeichnungen

REGEL Für die meisten Berufsbezeichnungen gibt es im Niederländischen eine männliche und eine weibliche Form. Die weibliche Form lässt sich aus der männlichen Form ableiten, indem man eine Endung anhängt oder die Endung des männlichen Substantivs verändert.

Endung	männlich		weiblich	
-ent, -oog, -ist, -ing → + -e	de assistent	*Assistent*	de assistent**e**	*Assistentin*
-aar → -ares	de leraar	*Lehrer*	de ler**ares**	*Lehrerin*
-er → -ster	de verpleger	*Pfleger*	de verpleeg**ster**	*Pflegerin*
-(t)eur, -tor → -(t)rice	de acteur	*Schauspieler*	de act**rice**	*Schauspielerin*

! Ganz anders als im Deutschen geht im Niederländischen die Tendenz dahin, die männliche Berufsbezeichnung generisch zu verwenden, also für Männer und Frauen. Leraar kann daher *Lehrer* oder *Lehrerin* bedeuten.

REGEL Für manche Berufsbezeichnungen gibt es gar keine weibliche Form, z. B. arts *Arzt, Ärztin*, minister *Minister, Ministerin*, burgemeester *Bürgermeister, Bürgermeisterin.*

REGEL Es gibt eine Anzahl von geschlechtsneutralen Berufsbezeichnungen, z. B. verpleegkundige *Pflegekraft*, leerkracht *Lehrkraft*, leidinggevende *Führungskraft.*

REGEL Berufsbezeichnungen, die auf -man oder -vrouw enden, sind natürlich geschlechtsspezifisch. Also: groenteman *Gemüsehändler*, groentevrouw *Gemüsehändlerin.*

1. Suchen Sie die Paare zusammen und ordnen Sie die Wörter nach der weiblichen Endung.

agent cursusleidster dirigente leraar ~~journaliste~~ biologe
verkoopster pathologe tekenares kapper machinist lerares
agente verkoper kapster dirigent cursusleider machiniste
tekenaar ~~journalist~~ bioloog patholoog

-e: journalist, journaliste; ______; ______; ______

-ster: ______; ______; ______

-oge: ______; ______

-es: ______; ______

2. Ergänzen Sie die richtige Form der Berufsbezeichnung.

a. ______ Eva Jansen heeft nu geen tijd. *(minister)*
b. Mijn ______ heet Claudia Visser. *(kapper)*
c. De ______ krijgt een prijs voor haar levenswerk. *(regisseur)*
d. De ______, Pieter Smid, gaf mij een goede tip. *(verkoper)*
e. Mijn vader is ______ en mijn moeder is een ______. *(leraar; agent)*
f. Ik heb om drie uur een afspraak met de ______. *(dokter)*
g. Mevrouw Dijkstra, onze ______, komt vandaag iets later. *(cursusleider)*

3. Welcher Beruf ist gemeint? Ergänzen Sie die Berufsbezeichnung – für Männer und für Frauen.

a. Ik werk in een leuke winkel. Daar verkopen we kleding.
Ik werk als verkoper/verkoopster.
b. In het ziekenhuis waar ik werk verzorg ik de patiënten, geef ze medicijnen, eten, was ze.
Ik werk als ______
c. Bij een concert sta ik voor het orkest en geef het ritme van de muziek aan.
Ik werk als ______
d. Ik zorg ervoor dat iedereen zich aan de regels houdt; op straat, in het verkeer, overal.
Ik werk als ______
e. Heerlijke appels, verse bananen, prima bonen, rode tomaten. Ik verkoop het allemaal.
Ik werk als ______
f. Voor mijn rollen moet ik me goed voorbereiden. Ik hou van het werk op een filmset.
Ik werk als ______

Adjektive: Endungen

Adjektive können an zwei Positionen im Satz stehen:

REGEL **Prädikativ**: Das Adjektiv steht nicht direkt vor dem Substantiv, auf das es sich bezieht. Dann steht das Adjektiv – wie im Deutschen – in der Grundform: Het kind is **aardig.** *Das Kind ist nett.*

REGEL **Attributiv:** Das Adjektiv steht vor dem Substantiv, auf das es sich bezieht. Das Adjektiv hat in dieser Position meistens die Endung -e: het **aardige** kind *das nette Kind.*

! Aber: Adjektive vor **het**-Wörtern, die hinter dem unbestimmten Artikel een oder ohne Artikel stehen, bekommen keine Endung:

	bestimmt		unbestimmt	
de-Wörter	de aardig**e** vrouw	*die nette Frau* +e	een aardig**e** vrouw	*eine nette Frau* +e
het-Wörter	het aardige kind	*das nette Kind* +e	een aardig kind	*ein nettes Kind* –e
	het verse gebak	*der frische Kuchen* +e	vers gebak	*frischer Kuchen* –e

REGEL Bestimmt werden Substantive auch durch die Demonstrativpronomen (wie deze/die → Kapitel 14) oder die Possessivpronomen (wie mijn → Kapitel 13). Auch hier erhält das Adjektiv bei de- und bei het-Wörtern die Endung -e: deze/die /mijn aardig**e** vrouw *diese/meine nette Frau,*
dit/dat/mijn aardig**e** kind *dieses/mein nettes Kind.*

REGEL Als unbestimmt gelten Substantive nach ieder/elk *jeder*, geen *kein*, veel *viel*, weinig *wenig*, genoeg *genug*, wat *etwas*, welk *welch*, zo'n *so ein*, zulk *solch*. Daher verhalten sich die zugeordneten Adjektive wie nach dem unbestimmten Artikel.

	unbestimmt	
de-Wörter	geen aardig**e** vrouw	*keine nette Frau,*
	veel verse koffie	*viel frischer Kaffee*
het-Wörter	geen aardig kind	*kein nettes Kind,*
	veel vers brood	*viel frisches Brot*

REGEL Da Substantive im Plural immer de-Wörter sind, folgen die Pluralformen den Regeln für de-Wörter: de aardig**e** vrouwen *die netten Frauen*, aardig**e** vrouwen *nette Frauen.*

REGEL Adjektive sind unveränderlich wenn sie

- den Stoff beschreiben, aus dem etwas ist, z. B. glazen *gläsern*, gouden *golden*
- am Anfang eine Ordnungszahl enthalten ist, z. B. **tweede**hands *aus zweiter Hand, gebraucht*
- auf unbetontes -e oder -a enden, z. B. prim**a** *prima*, ros**e** *rosa*, oranj**e** *orange*
- von Verben abgeleitete Partizipien auf -en sind, z. B. gebakk**en** *gebacken*

1. Ergänzen Sie die Adjektive. Achten Sie dabei auf die Rechtschreibung.

a. de nacht *(zwart)*	de zwarte nacht	een zwarte nacht
b. het kind *(leuk)*	het ________ kind	een ________ kind
c. het boek *(dun)*	het ________ boek	een ________ boek
d. de emmer *(zwaar)*	de ________ emmer	een ________ emmer
e. het landschap *(mooi)*	het ________ landschap	een ________ landschap
f. de koffer *(licht)*	de ________ koffer	een ________ koffer
g. het blok *(wit)*	het ________ blok	een ________ blok
h. de foto *(lelijk)*	de ________ foto	een ________ foto
i. het ongeluk *(stom)*	het ________ ongeluk	een ________ ongeluk
j. de man *(dik)*	de ________ man	een ________ man

2. Gesucht wird das Gegenteil. Ergänzen Sie die Sätze mit Hilfe der Adjektive aus Übung 1.

a. Ik vind dat een mooi huis.	Echt? Ik vind het een ________ huis.
b. Ik schrijf graag op zwart papier.	O ja? Nou, geef mij maar liever ________ papier.
c. Dat is echt een leuk boek!	Vind je? Ik vind het zo'n ________ boek.
d. De koffer is te zwaar voor jou.	Nee hoor, dit is een ________ koffer.
e. Hij leest een dik boek.	Ik vind ________ boeken praktischer.

3. Ergänzen Sie mit der richtigen Form des Adjektivs.

a. De ________ student studeert te weinig. *(eerstejaars)*
b. De sporter heeft al vele ________ medailles gehaald. *(gouden)*
c. Ik vind vers ________ appeltaart heel lekker. *(gebakken)*
d. De ________ woning is veel te klein voor ons. *(aangeboden)*
e. De ________ vakantie gaat niet door. *(gepland)*
f. Het ________ T-shirt staat je niet mooi. *(oranje)*

4. Carla beschreibt ihre neue Wohnung. Fassen Sie zusammen, indem Sie die Adjektive ergänzen.

Hoi Marjan. Ik moet je iets leuks vertellen. Ik heb vandaag een appartement bekeken dat echt interessant was. De keuken is ruim en de woonkamer is licht. Het balkon is erg zonnig. De slaapkamer is groot, zodat ik veel plaats heb. Hahaha, de muur in de badkamer is rose, dat is minder mooi. Ik ga nu met mijn bank praten. Spannend! Groetjes, Carla

a. een ________ appartement	b. een ________ keuken
c. een ________ woonkamer	d. een ________ balkon
e. een ________ slaapkamer	f. een ________ muur

9 Ik ben de sterkste, de grootste ... En ook de meest bescheidene!

Ich bin der Stärkste, der Größte ... Und auch der Bescheidenste!

Adjektive: Steigerung

Neben der normalen Form der Adjektive (Positiv) existieren die Steigerungsformen **Komparativ** und **Superlativ**. Mit ihnen drückt man Vergleiche aus.

REGEL **Komparativ: Adjektiv + (d)er**
Zur Bildung des Komparativs wird die Endung -er an den Positiv gehängt, bei Adjektiven auf -r wird die Endung -der angehängt:
warm *warm* → warm**er** *wärmer*,
lekker *lecker* → lekker**der** *leckerer*.

REGEL **Superlativ: Adjektiv + (s)t**
Die Superlativendung ist -st. Endet ein Adjektiv schon auf -s, kommt lediglich die Endung -t hinzu:
warm**st** *wärmster*, lekker**st** *leckerster*, vers**t** *frischester*.

Hier einige Beispiele – und die wichtigsten unregelmäßigen Formen:

Positiv		**Komparativ -(d)er**		**Superlativ -(s)t**	
groot	*groß*	grot**er**	*größer*	groot**st**	*größter*
snel	*schnell*	snell**er**	*schneller*	snel**st**	*schnellster*
duur	*teuer*	duur**der**	*teurer*	duur**st**	*teuerster*
Sonderformen					
goed	*gut*	beter	*besser*	best	*bester*
veel	*viel*	meer	*mehr*	meest	*meister*
weinig	*wenig*	minder	*weniger*	minst	*wenigster*

! Bei Adjektiven, die aus drei oder mehr Silben bestehen, kann anstelle des Superlativs auch die Konstruktion **de/het meest + Adjektiv** stehen. Diese Konstruktion verwendet man in der Regel auch für Adjektive, die auf -s, -isch, -sd, -st oder -ts enden:
de meest sympathieke/de sympathiekste zanger *der sympathischste Sänger*
de meest fantastische band *die fantastischste Band*

REGEL Bei **prädikativem Gebrauch** (→ Kapitel 8) steht das Adjektiv im Komparativ wie im Deutschen in der Grundform.

Deze auto is goedkoper.	*Dieses Auto ist billiger.*
Deze tomaten zijn de verste.	*Diese Tomaten sind die frischesten.*

REGEL Bei **attributem Gebrauch** (→ Kapitel 8) gelten die gleichen Endungsregeln wie für alle Adjektive:

de kleiner**e** vrouw *die kleinere Frau*	een kleiner**e** vrouw *eine kleinere Frau*
het leuker**e** boek *das schönere Buch*	een leuker boek *ein schönes Buch*

1. Suchen Sie die zusammenpassenden Formen Positiv, Komparativ und Superlativ

goed gladst duur mooier groter beter ~~dikker~~ dommer mooi

grootst ~~dik~~ domst glad ~~dikst~~ dom gladder zwaarder duurder

duurst weinig minder best minst zwaar mooist groot zwaarst

Positiv	Komparativ	Superlativ
dik	dikker	dikst

2. Vervollständigen Sie den „je … desto" Satz.

a. Hoe *(veel)* meer ik eet, hoe *(dik)* dikker ik word.
b. Hoe *(hard)* ___________ ik werk, hoe *(rijk)* ___________ ik word.
c. Hoe *(warm)* ___________ het is, hoe *(weinig)* ___________ kleding ik draag.
d. Hoe *(lang)* ___________ de soep kookt, hoe *(lekker)* ___________ de soep is.
e. Hoe *(vroeg)* ___________ ik opsta, hoe *(snel)* ___________ ik op mijn werk ben.
f. Hoe *(goed)* ___________ de artiest, hoe *(duur)* ___________ de kaartjes voor zijn concert zijn.

3. Kreuzen Sie die richtige Form an.

a. Piet koopt de … auto.
- ☐ goedkoop
- ☐ goedkopere

b. Zij vindt soep …!
- ☐ lekkerer
- ☐ lekkerder

c. Ik wil graag … werken.
- ☐ minder
- ☐ weiniger

d. Dit is een … boek.
- ☐ interessanter
- ☐ interessantere

e. Hij wil een …. fiets.
- ☐ sportievere
- ☐ sportief

f. Ik verdien … geld.
- ☐ het minst
- ☐ het meeste

g. Hij wil … broodje.
- ☐ het verst
- ☐ het verste

h. Nu is het ….
- ☐ donkerer
- ☐ donkerder

i. Ik zoek een … huis.
- ☐ kleiner
- ☐ kleinere

10 Hij is veel jonger dan zij.

Er ist viel jünger als sie.

[1] stel = Pärchen

Adjektive: Vergleiche

1. Stufe (Positiv): gleicher Grad

REGEL Das Adjektiv steht zwischen net zo … als oder even …. als *genau so … wie, ebenso … wie.*

Leonie is **net zo** groot **als** Anna.	*Leonie ist **genauso** groß **wie** Anna.*
Leonie is **even** groot **als** Anna.	*Leonie ist **ebenso** groß **wie** Anna.*
Anna is **niet zo** groot **als** Claas.	*Anna ist **nicht so** groß **wie** Claas.*
Anna is **bijna net zo** groot **als** Claas.	*Anna ist **fast so** groß **wie** Claas.*

! Bitte nicht verwechseln: net *genau* und niet *nicht*!

2. Stufe (Komparativ): ungleicher Grad

REGEL Nach dem Komparativ folgt in der Regel dan.

Jan is (een beetje/veel) groter **dan** Mark.	*Jan ist (ein bisschen/viel) größer **als** Mark.*
Ik verdien minder **dan** jij.	*Ich verdiene weniger **als** du.*
Zij vindt ijs lekkerder **dan** broccoli.	*Sie findet Eis leckerer **als** Brokkoli.*

3. Stufe (Superlativ): höchster Grad

REGEL Im Allgemeinen wird der Superlativ genauso wie im Deutschen verwendet.

Minke is de grootst**e** van de klas.	*Minke ist die Größte der Klasse.*
Minke is de grootst**e**.	*Minke ist die Größte.*
Minke is de allergrootst**e**.	*Minke ist die Allergrößte.*

REGEL **Eselsbrücke**

Viele Deutsche haben ein Problem mit der richtigen Verwendung von *als* und *dan* bei Vergleichen. Man kann sich als Hilfestellung am Englischen orientieren:

Englisch	Niederländisch	Deutsch
*He is as big **as** my brother.*	Hij is net zo groot **als** mijn broer.	*Er ist so groß **wie** mein Bruder.*
*He is bigger **than** my brother.*	Hij is groter **dan** mijn broer.	*Er ist größer **als** mein Bruder.*

1. Ergänzen Sie als oder dan.

Marieke en Joanne op school

a. Marieke: Mijn tekening is veel mooier ______ jouw tekening.
Joanne: Dat is niet waar. Mijn tekening is de allermooiste tekening.
Marieke: Niet waar! Juf Anneke, wie heeft de mooiste tekening gemaakt?
b. Juf Anneke: O wat mooi! Jouw tekening is net zo mooi ______ die van Joanne.
c. Joanne: Maar ik kan mijn naam beter schrijven ______ jij, Marieke!
d. Marieke: Echt niet! Kijk maar, ik schrijf duidelijker ______ jij!
e. Joanne: Juf Anneke! Marieke zegt dat zij duidelijker schrijft ______ ik.
f. Juf Anneke: Nee hoor, ik vind dat Marieke net zo duidelijk schrijft ______ jij!
g. Marieke: Mijn papa is veel sterker ______ jouw papa!
h. Joanne: O ja? Mijn papa is zo sterk ______ een beer!
i. Marieke: Juf Anneke, Joannes papa is toch minder sterk ______ een beer?
j. Juf Anneke: Ik denk dat Joannes papa net zo sterk is ______ een beer.
En jouw papa is ook even sterk ______ een beer.
Marieke: Psssst Joanne, … ik vind Juf Anneke stom!
k. Joanne: Ja, zij is nog stommer ______ Juf Lisette.

2. Vergleichen Sie.

a. Sibylle is ________________ Ferdinand. *(oud)*
b. Ferdinand en Sibylle zijn bijna ________________. *(groot)*
c. Sibylle is ________________ Ferdinand. *(rijk)*
d. Sibylle heeft ________________ Ferdinand. *(veel)*
e. Zij weegt ________________ haar zoon. *(weinig)*

Sibylle

leeftijd	47 jaar
lengte	1.73 m
geld	€ 4.500,00
schoenen	10 paar
gewicht	62 kg

Ferdinand

leeftijd	15 jaar
lengte	1.74 m
geld	€ 10,89
schoenen	10 paar
gewicht	70 kg

3. Ergänzen Sie die die jeweils passende Vergleichsform.

a. ____________ T-shirts vindt u nergens anders! *(goedkoop)*
b. Verse vis, dames en heren! De ____________ vis van de hele markt! *(lekker)*
c. Nu in de aanbieding: de ____________ broodjes van heel Nederland. *(goed)*
d. Stroopwafels! Heerlijke stroopwafels! Er zijn geen ____________. *(goed)*
e. Voor ____________ dan 10 euro. Een koopje! Nog geen 10 euro! *(weinig)*
f. U bent gek als u ____________ betaalt. *(veel)*
g. Nu nog ____________: ons verbeterde ijs met meer vruchten. *(lekker)*
h. Wilt u een ____________auto? Prima, gaat u dan naar de concurrent! *(duur)*
i. Niemand heeft meer fietsen! Wij hebben het ____________assortiment. *(groot)*

Wählen Sie die richtige Antwort.

Rechtschreibung

1. maken: ik ______
   a) ☐ maak
   b) ☐ mak

2. 1 man, 2 ______
   a) ☐ manen
   b) ☐ mannen

3. 1 hoek, 2 ______
   a) ☐ hoeken
   b) ☐ hoekken

4. zitten: hij ______
   a) ☐ zit
   b) ☐ zitt

5. 2 bazen, 1 ______
   a) ☐ baaz
   b) ☐ baas

6. lieve woordjes, een ______
   a) ☐ lief woord
   b) ☐ liev woord

7. Ik kom uit ______
   a) ☐ Belgie
   b) ☐ België

Artikel und Substantive

8. Ik geef ______ man een cadeautje.
   a) ☐ dem
   b) ☐ de

9. ______ dochter heet Monique.
   a) ☐ Hans
   b) ☐ Hans'

10. Hé ______, gaan jullie mee?
    a) ☐ jongens
    b) ☐ jongen

11. Ik heb aardige ______
    a) ☐ collega's
    b) ☐ collegas

12. 1 theepot, 2 ______
    a) ☐ theepoten
    b) ☐ theepotten

13. Er zijn vele ______
    a) ☐ mogelijkheiden
    b) ☐ mogelijkheden

14. Ik heb tien ______ in Best gewoond.
    a) ☐ jaren
    b) ☐ jaar

15. Ik heb ______ bij dat bedrijf gewerkt.
    a) ☐ jaren
    b) ☐ jaar

16. In ______ is er veel verkeer.
    a) ☐ staden
    b) ☐ steden

Diminutiv

17. Wat een lekker ______ vandaag.
    a) ☐ weertje
    b) ☐ weerje

Berufsbezeichnungen

18. ♂ assistent, ♀ ______
    a) ☐ assistentin
    b) ☐ assistente

19. ♀ verpleegster, ♂ ______
    a) ☐ verpleeger
    b) ☐ verpleger

20. Hij is een goede acteur. Zij is ______
    a) ☐ een goede acteurin.
    b) ☐ een goede actrice.

Adjektive

21. Het kind is lief.
    a) ☐ Het lief kind.
    b) ☐ Een lief kind.

22. De brief. Een _______ brief.
    a) ☐ boos
    b) ☐ boze

23. Zo'n _______ boek.
    a) ☐ stom
    b) ☐ stomme

24. De man is dik.
    a) ☐ Het is een dikke man.
    b) ☐ Het is een dik man.

25. Het verhaal is mooi.
    a) ☐ Ik hou van mooi verhalen.
    b) ☐ Ik hou van mooie verhalen.

26. Ik vind spinazie _______
    a) ☐ lekkercr
    b) ☐ lekkerder

27. Ik zal deze maand _______ verdienen.
    a) ☐ weiniger
    b) ☐ minder

28. Hij is 184 cm, zij ook.
    a) ☐ Zij is net zo groot als hij.
    b) ☐ Zij is niet zo groot als hij.

29. Hier heb je een mooier uitzicht _______ daar.
    a) ☐ dan
    b) ☐ als

30. Juf Anne is even stom _______ juf Nienke.
    a) ☐ als
    b) ☐ dan

Vergleichen Sie nun Ihre Antworten mit den Lösungen auf Seite 121. Dieser Tabelle können Sie entnehmen, auf welches Kapitel sich jede Aufgabe bezieht. Wenn Sie eine Aufgabe nicht richtig gelöst haben, können Sie das entsprechende Kapitel wiederholen.

Aufgabe	Kapitel	Aufgabe	Kapitel	Aufgabe	Kapitel	Aufgabe	Kapitel	Aufgabe	Kapitel
1	1	7	2	13	4	19	7	25	8
2	1	8	3	14	5	20	7	26	9
3	1	9	3	15	5	21	8	27	9
4	2	10	4	16	5	22	8	28	10
5	2	11	4	17	6	23	8	29	10
6	2	12	4	18	7	24	8	30	10

Personalpronomen als Subjekt

[1] zulke schatjes = solche Schätzchen

Im Niederländischen existieren volle und reduzierte Formen der Personalpronomen. Meist wird die reduzierte Form verwendet. Die volle Form nimmt man:

- in einem Satz, in dem die Betonung auf dem Personalpronomen liegt, z. B. wenn man einen Gegensatz, Verwunderung etc. ausdrücken möchte.
  Hij is groot, maar **zij** is klein. *Er ist groß, **sie** dagegen ist klein.*
- in einem Satz (oder Teilsatz), in dem das Personalpronomen ohne Verb steht und deswegen betont wird.
  Hallo, ik heet Ina. En **jij?** *Hallo, ich heiße Ina. Und **du**?*

Person		voll	reduziert	
1.	Singular	ik	('k)	*ich*
2.	Singular	jij	je	*du*
2.	Singular	u		*Sie*
3.	Singular	hij	(ie)	*er*
3.	Singular	zij	ze	*sie*
3.	Singular	het	('t)	*es*
1.	Plural	wij	we	*wir*
2.	Plural	jullie		*ihr*
3.	Plural	zij	ze	*sie*

! **U** ist die Höflichkeitsform. Sie wird für Singular und Plural verwendet.

! **'k**, **ie** und **'t** treten nur in informellen, umgangssprachlichen Kontexten auf. **ie** wird nur verwendet, wenn es (z. B. in Fragesätzen) hinter dem Verb steht (Inversion).
Hoe laat komt ie aan? *Wann kommt er an?*

! **Je** wird auch für das unpersönliche ***man*** verwendet.
Hoe zeg je dat? *Wie sagt man das?*

Nimmt man auf ein de-Wort Bezug, muss man wissen, ob dieses männlich oder weiblich ist. Die meisten Niederländer benutzen in der Praxis aber das männliche Pronomen hij.
Wanneer komt de trein? **Hij** komt zo. *Wann kommt der Zug? **Er** kommt gleich.*
Waar is de school? **Ze** is in de Kerkstraat. *Wo ist die Schule? **Sie** ist in der Kerkstraat.*

1. Verbinden Sie die Sätze miteinander.

a. **Mijn man en ik** gaan naar de film.
b. **Mevrouw Jansen**, hier is het formulier.
c. Hé **José**, we gaan naar het café.
d. **Jacco en Martijn** kopen melk, meel en eieren.
e. Goedemorgen **meneer en mevrouw Meier**.

1. Heeft **u** een goede reis gehad?
2. **Wij** houden van James Bond.
3. Vult **u** uw naam en adres in.
4. Ga **je** mee iets drinken?
5. **Zij** gaan pannenkoeken bakken.

2. Ergänzen Sie das fehlende Subjektpronomen.

a. Hallo, mag _______ me even voorstellen? _______ heet Hedi. En _______?
b. _______ heet Monique.
c. Hallo, Monique! Ben _______ nieuw hier?
d. Ja, _______ werk hier sinds gisteren.
e. Dan stel ik je ook aan de anderen voor. Dit is Jacob, _______ doet de administratie.
f. En zie _______ die vrouw daar? _______ heet Stella. _______ is de receptioniste.
g. Hoi, Henry en Peter! _______ doen iets met computers, of niet, jongens?
h. Hahaha, _______ doen iets met computers? Zo kun _______ dat ook zeggen, ja!
i. Hallo Henry en Peter, leuk _______ te leren kennen!

3. Kreuzen Sie an: In welcher Bedeutung wird je hier verwendet?

a. Je kunt dat zo zeggen, maar ook anders. ☐ man ☐ du
b. Met 18 jaar ben je volwassen. ☐ man ☐ du
c. Ga je mee naar Anouk? ☐ man ☐ du
d. Op de fiets draag je hier een helm. ☐ man ☐ du
e. Je moet mama even terugbellen. ☐ man ☐ du
f. Een klein kind kun je niet alleen laten. ☐ man ☐ du
g. Je hebt niet gezegd dat je jarig bent! ☐ man ☐ du

4. Ergänzen Sie jij oder je. Manchmal geht auch beides.

a. Ik heb mijn huiswerk gedaan. _______ ook?
b. Ga _______ vanavond ook naar dat feest?
c. En _______, Yvette? Wat vind _______ ervan?
d. Als ik Michiel bel, bel _______ dan even Xander?
e. Hé Karin, heb _______ even tijd?
f. Echt, dat heb _______ gedaan? Ik dacht dat Ans dat had gedaan.
g. Hier mag _______ 120 km per uur rijden.

12 Lotte, ik hou van jou! – Hij houdt van mij!

Lotte, ich liebe dich! – Er liebt mich!

Personalpronomen als Objekt und nach Präpositionen

Personalpronomen können auch als Objekte und in Verbindung mit Präpositionen verwendet werden.
Jij kent **haar** niet. *Du kennst **sie** nicht.*
Ik ga <u>met</u> **hem** naar het café.
*Ich gehe <u>mit</u> **ihm** ins Café.*

Zum Gebrauch der vollen und reduzierten Formen → Kapitel 11.

Person		voll	reduziert	
1.	Singular	mij	me	*mir, mich*
2.	Singular	jou	je	*dir, dich*
2.	Singular	u		*Ihnen, Sie*
3.	Singular	hem	('m)	*ihm, ihn*
3.	Singular	haar	('r/d'r)	*ihr, sie*
3.	Singular	het	('t)	*ihm, es*
1.	Plural	ons		*uns*
2.	Plural	jullie		*euch*
3.	Plural	hun	ze	*ihnen*
3.	Plural	hen		*sie*

! **U** ist die Höflichkeitsform und kann für Singular und Plural verwendet werden.

! **'m**, **'r**, **d'r**, **'t** sind umgangssprachliche Formen.

REGEL Das direkte Objekt (Akkusativ) und das indirekte Objekt (Dativ) haben, anders als im Deutschen, dieselbe Form. Eine Ausnahme ist allerdings die 3. Person Plural, wenn das Pronomen sich auf Personen bezieht:

- **Dativobjekt: hun**
  Ik geef **hun** een snoepje. *Ich gebe **ihnen** einen Bonbon.*
- **Akkusativobjekt: hen**
  Ik zie **hen** daar. *Ich sehe **sie** dort.*
- Nach **Präpositionen** verwendet man immer **hen**.
  Ik ga **met hen** weg. *Ich gehe **mit ihnen** weg.*

! Wenn das Pronomen sich auf Dinge bezieht, verwendet man in Dativ und Akkusativ immer nur **ze**:
Je sokken? Ik heb **ze** niet gezien. *Deine Socken? Ich habe **sie** nicht gesehen.*
In der mündlichen Kommunikation unterscheiden viele Muttersprachler nicht genau zwischen hen und hun. Es gibt eine deutliche Tendenz zur Verwendung von hun.

1. Ergänzen Sie die passenden Pronomen.

a.	Sylvia	Hoi Angela, hoe gaat het met ______?
b.	Angela	Prima! En met ______?
	Sylvia	Ook goed. Hé ken je Bastiaan al?
c.	Angela	Nee, ik ken ______ nog niet.
d.	Sylvia	Basti, kom eens hier! Ik wil ______ even aan Angela voorstellen.
e.	Bastiaan	Bastiaan. Leuk ______ te leren kennen!
	Angela	Angela. En dat zijn mijn kinderen, Stef en Saskia. Kom jullie eens hier, dit is Bastiaan.
f.	Stef	Dag meneer, ik heet Stef. Ik heb ______ wel eens bij voetbal gezien, geloof ik.
g.	Bastiaan	O dat kan, mijn zoons spelen allebei. Met ______ ben ik ieder weekend bij voetbal. Zeg, Stef en Saskia, kan ik iets te drinken voor ______ halen?
h.	Saskia	Voor ______? Nee, dank ______ wel. Kom, Stef! (Saskia neemt Stef mee)
i.	Stef	Waarom bestel je niks voor ______? Ik heb wel dorst!
j.	Saskia	Kijk eens naar mama en Bastiaan. Volgens mij vindt hij ______ wel leuk. En zij ______ ook. Ik wil ______ niet storen.
	Stef	Je bedoelt verliefd en zo? O nee hè? Met kussen en zo?
k.	Saskia	Hahaha, wie weet. Kijk eens, gekkie, hier, appelsap voor ______.

2. Antworten Sie mit einem Objektpronomen.

a. Ken jij eigenlijk de man van Anette?	*Ja, ik ken hem.*
b. Zie jij Froukje en Frans vaak?	Nee, ik zie ______________
c. Kan ik de brief ook aan Jan en Mike geven?	Ja, je kunt ______________
d. Echt? Dat cadeau is voor mij?	Ja, ______________
e. Denkt hij vaak aan zijn vriendin?	Nee, ______________
f. Kom je dan vanavond naar ons?	Ja, ik kom ______________
g. Schat, hou je van mij?	Natuurlijk hou ik van ______________
h. Rij jij met Hannah en Sofie mee?	Nee, ik rij niet ______________

3. Markieren Sie das jeweils passende Pronomen: entweder hen oder hun.

a. Ik ben hen (hun) dankbaar voor hun hulp.
b. We hebben het hen hun nog niet verteld.
c. Ik heb hen hun dat boek gisteren gegeven.
d. Wat jammer, ik heb niets van hen hun gekregen.
e. Ik heb hen hun gisteravond helemaal niet gehoord.
f. Andrea en Pauline? Ja, ik heb hen hun al een uitnodiging gestuurd.
g. Neem jij de kinderen mee? Ja, ik ga met hen hun naar de dierentuin.

13 Ruim jullie rommel zelf maar op! Ik ga naar mijn moeder.

Räumt euer Chaos selbst auf! Ich gehe zu meiner Mutter.

Possessivpronomen

Possessivpronomen geben einen Besitz oder eine Zugehörigkeit an.

Person		voll	reduziert	
1.	Singular	mijn	(m'n)	*mein(e)*
2.		jouw	je	*dein(e)*
2.		uw		*Ihr(e)*
3.		zijn	(z'n)	*sein(e)*
3.		haar	(d'r)	*ihr(e)*
3.		zijn	(z'n)	*sein(e)*
1.	Plural	onze/ons		*unser(e)*
2.		jullie	je	*euer(e)*
3.		hun		*ihr(e)*

! **Uw** ist die Höflichkeitsform und kann für Singular und Plural verwendet werden.

REGEL Die vollen Formen der Possessivpronomen können betont oder unbetont verwendet werden. Die reduzierten Formen werden nur unbetont verwendet. Sie kommen mit Ausnahme von je praktisch nur in der gesprochenen (Umgangs-)Sprache vor.

Dat is mijn trui, geef hem terug!
Das ist mein Pullover, gib ihn zurück!
M'n trui heeft een gat.
Mein Pullover hat ein Loch.

! Das Personalpronomen jullie wird mit der verkürzten Form des Possessivpronomens (je) kombiniert, damit nicht zweimal jullie hintereinander steht.

Hebben **jullie je** boeken meegenomen? *Habt **ihr eure** Bücher mitgenommen?*

REGEL Anders als im Deutschen ändern sich die Endungen der Possessivpronomen nicht. Lediglich in der ersten Person Plural verhält es sich anders: Bei de-Wörter steht onze, bei het-Wörtern ons:

Het is **onze** auto. *Das ist unser Auto.*
Hanneke is **ons** kind. *Hanneke ist unser Kind.*
Onze kinderen heten Anna en Patrick. *Unsere Kinder heißen Anna und Patrick.*

1. Ersetzen Sie die fettgedruckten Wörter durch die passenden Possessivpronomen.

a. Heb je het adres **van Marco**? *Heb je zijn adres?*
b. Zij is in de kamer **van Sanne**. ______
c. Gerard is een vriend **van mij**. ______
d. De kinderen **van jullie** spelen daar. ______
e. Heeft u de sleutel **van ons**? ______
f. De hond **van Hanno en Jacqueline** is zwart. ______
g. Dit is de pen **van u**. ______

2. Ergänzen Sie die passenden Possessivpronomen im Kreuzworträtsel.

Vertikal
a. Jacco heeft … boeken vergeten.
b. Is dat … huis, Koen en Anne?

Horizontal
c. Jij wilde een hond, dus het is … hond.
d. Dat is de kat van Willeke en Aart. Het is ... kat.
e. Ik heb dat boek gekocht. Het is ... boek.

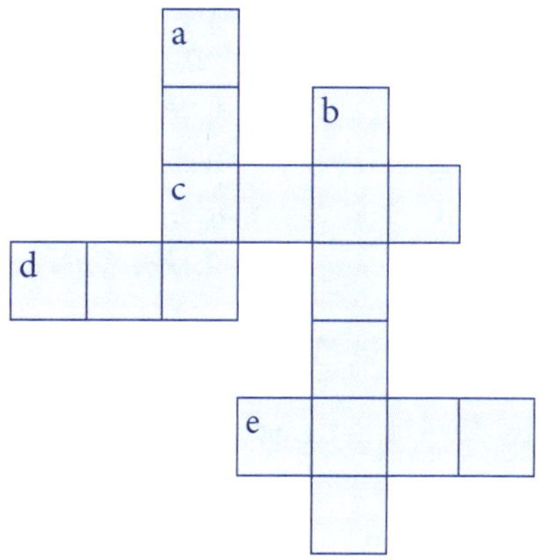

! **ij** zählt im Niederländischen als ein Buchstabe – aber hier im Kreuzworträtsel sind es zwei!

3. Kreuzen Sie die richtige Lösung an. Wählen Sie ons oder onze.

a. ☐ Ons ☐ Onze kat is een heel lief dier.
b. ☐ Ons ☐ Onze leraar heet Rosius.
c. ☐ Ons ☐ Onze telefoonnummer weet ik niet.
d. ☐ Ons ☐ Onze huis staat in de Klinkerstraat.
e. ☐ Ons ☐ Onze kinderen kunnen ook lief zijn, echt waar!
f. ☐ Ons ☐ Onze vakantiehuizen hebben allemaal een eigen zwembad.
g. ☐ Ons ☐ Onze naam is verkeerd geschreven.
h. ☐ Ons ☐ Onze auto's staan in de weg.
i. ☐ Ons ☐ Onze land heeft ongeveer 17 miljoen inwoners.
j. ☐ Ons ☐ Onze lievelingslanden zijn Spanje en Frankrijk.

4. Ergänzen Sie: jouw oder uw.

a. Hé Annie, is dat ______ tas?
b. Meneer en mevrouw Paulsen, is dat ______ koffer?
c. ______ naam en adres kunt u hier invullen, mevrouw Gerards.

14 Deze trui is zo mooi. – En wat vind je van die jurkjes?

Dieser Pullover ist so schön. – Und was hältst du von den Kleidchen dort?

Demonstrativpronomen

Demonstrativpronomen werden auch „hinweisende Fürwörter" genannt, weil sie auf den Gesprächsgegenstand verweisen und ihn hervorheben.

REGEL Welches Demonstrativpronomen man wählt, hängt von zwei Aspekten ab: ist der Gegenstand (örtlich oder zeitlich) nah oder fern? Ersetzt das Pronomen ein de- oder het-Wort?

	hier/jetzt	dort/länger her
de-Wort	**Deze** vrouw ken ik goed. *Diese Frau kenne ich gut.*	**Die** vrouw ken ik niet. *Die Frau (dort) kenne ich nicht.*
het-Wort	**Dit** meisje is mijn dochter. *Dieses Mädchen ist meine Tochter.*	In **dat** huis, daar woon ik. *In dem Haus (dort), da wohne ich.*
Plural	**Deze** boeken heb ik gelezen. *Diese Bücher (hier) habe ich gelesen.*	**Die** boeken wil ik nog lezen. *Die Bücher (dort) will ich noch lesen.*

Eselsbrücke: De, deze, die enden alle auf **e**, het, dit, dat enden alle auf **t**.

! In der Umgangssprache wird die Unterscheidung zwischen nah und fern nur noch gemacht, wenn zwei Dinge einander gegenübergestellt werden. Spielt nah und fern keine Rolle, kann man die „ferner liegenden" Demonstrativpronomen die oder dat verwenden.

Ik wil graag **die** ketting hebben. *Ich möchte gerne die Kette haben.*
Bedoelt u **deze** ketting of **die** ketting? *Meinen Sie diese Kette, oder die Kette dort?*
Ik woon in **dat** witte huis. *Ich wohne in dem weißen Haus.*

REGEL Die und dat können auch statt eines Personalpronomens verwendet werden:

Waar is de school? **Die** is in de Kerkstraat. *Wo ist die Schule? Die ist in der Kerkstraat.*
Wat doet Piet? **Die** gaat nog naar school. *Was macht Piet? Der geht noch zur Schule.*
Waar is mijn boek? **Dat** ligt hier. *Wo ist mein Buch? Das liegt hier.*

REGEL Auch bei Vergleichen kann man die und dat verwenden:

Ik vind jouw huis mooier dan **dat** van mij. *Ich finde dein Haus schöner als meins.*
De kinderen in mijn klas zijn rustiger dan **die** in jouw klas. *Die Kinder in meiner Klasse sind ruhiger als die in deiner Klasse.*

REGEL Wenn das Demonstrativpronomen nicht direkt vor seinem Bezugswort steht, verwendet man **dit** oder, für weiter Entferntes bzw. länger Zurückliegendes, **dat**:

Dit is mijn man. *Das (hier) ist mein Mann.*
Dat is mijn dochter. *Das (dort) ist meine Tochter.*

Weitere Demonstrativpronomen sind z. B.: degene/diegene/datgene *derjenige/diejenige/dasjenige;* zo'n *so ein(e);* zulk(e) *solch(e)/(es).*

1. Verbinden Sie die Sätze, die zusammengehören.

a. Waar is Diego?
b. Dit boek is echt spannend.
c. Deze wijn is niet zo lekker.
d. Heb jij mijn telefoon gezien?
e. Vorig jaar had ik geen geld voor vakantie.

1. Ja, kijk, die ligt hier op tafel.
2. Dit jaar wel, ik ga naar Spanje!
3. Dat andere was lang niet zo goed.
4. Die van gisteren smaakte echt beter.
5. Die is al een uur geleden naar huis gegaan.

2. Ergänzen Sie dit, dat, deze oder die.

a. We staan hier in Nederland. ___________ land heeft meer dan 16 miljoen inwoners.
b. ___________ inwoners hebben niet veel plaats. Op 1 km^2 wonen hier ca. 406 mensen.
c. Heel anders ziet het er in Duitsland uit. In ___________ land wonen 80 miljoen mensen.
d. En toch hebben ___________ mensen veel meer plaats.
e. In ___________ land wonen er ca. 227 mensen op 1 km^2.
f. ___________ is echt een groot verschil!

3. Kreuzen Sie die richtige Reaktion an.

a. Als je niet werkt, verdien je geen geld.	☐ Dat is nu eenmaal zo.	☐ Dit is nu eenmaal zo.
b. Denk je aan de appels?	☐ Deze heb ik al gekocht.	☐ Die heb ik al gekocht.
c. Zullen we die computer kopen?	☐ Dit bespreken we later.	☐ Dat bespreken we later.
d. Koop je dat jurkje nog?	☐ Nee, dat is te duur.	☐ Nee, die is te duur.
e. Heb je nog andere pennen?	☐ Ja, die heb ik hier.	☐ Ja, deze heb ik hier.
f. Ga je mee naar het park?	☐ Naar dat vieze park?	☐ Naar dit vieze park?

4. Ergänzen Sie die Demonstrativpronomen.

a. We gaan met _______ trein, kijk daar, op spoor 8.
_______ vliegtuig dat net[1] is aangekomen.
_______ bus die hier staat, die andere bus komt pas over 10 minuten.

b. Ik doe dat _______ week, dat beloof ik je.
_______ jaar nog, echt waar!
_______ maand echt niet meer.

c. Kijk hier, hoe vind je _______ trui? Ik vind _______ trui daar veel mooier.
_______ jurkje? _______ andere jurkje is toch veel goedkoper!
_______ idee? _______ idee dat Anna gister had vond ik beter.
_______ broek? Ik denk dat _______ blauwe broek je beter staat.

[1] net = gerade

15 Kijk mijn nieuwe trui. Hoe vind je hem? – O, hij staat je fantastisch!

Schau, mein neuer Pullover. Wie findest du ihn? – Oh, der steht dir fantastisch!

Pronomen: Genus

Das Niederländische kennt nur zwei bestimmte Artikel, aber drei Geschlechter (→Kapitel 3).

Der Artikel de wird für männliche und weibliche Substantive verwendet. Doch die Unterscheidung zwischen Maskulina und Feminina wird in der niederländischen Sprache immer unwichtiger.

REGEL Man verwendet meist die männlichen Pronomen, um auf de-Wörter zu verweisen, unabhängig davon, welches Genus das Substantiv hat. Beispielsweise ist de deur *die Tür* weiblich.

De deur staat open. **Hij** is echt niet dicht. Ik heb **hem** dichtgedaan. **Zijn** slot sluit niet goed.
***Die Tür** steht offen. **Sie** ist wirklich nicht zu. Ich habe **sie** zugemacht. **Ihr** Schloss schließt nicht gut.*

REGEL Von dieser Regel ausgenommen sind Substantive, bei denen Niederländer aufgrund ihrer Endung vermuten, dass sie Feminina sind. Zum Beispiel:

Endung	Beispiel		Endung	Beispiel	
-heid	gezondheid	*Gesundheit*	**-iek**	muziek	*Musik*
-nis	kennis	*Kenntnis*	**-ica**	logica	*Logik*
-de	liefde	*Liebe*	**-theek**	bibliotheek	*Bibliothek*
-te	grootte	*Größe*	**-teit**	puberteit	*Pubertät*
-ij	bakkerij	*Bäckerei*	**-ade**	parade	*Parade*
-tie	politie	*Polizei*	**-ing**	vereniging	*Vereinigung*

Auf Substantive mit diesen Endungen wird mit der weiblichen Form der Pronomen verwiesen:
De bakkerij is geopend. **Zij** schijnt heel goed te zijn. **Haar** koekjes zijn wereldberoemd.
***Die Bäckerei** hat geöffnet. **Sie** scheint sehr gut zu sein. **Ihre** Kekse sind weltberühmt.*

REGEL Wenn man auf het-Wörter (Neutra) verweisen möchte, verwendet man die neutrale Form der Pronomen (→ Kapitel 11–14):

Het huis is groot. **Het** is wit. Ik heb **het** gezien. ***Zijn*** dak is rood.
***Das Haus** ist groß. **Es** ist weiß. Ich habe **es** gesehen. **Sein** Dach ist rot.*

! Eine Ausnahme sind het-Wörter, deren natürliches Geschlecht (Mensch und Tier) weiblich ist. Hier verwendet man die Pronomen in der weiblichen Form:

Zie je **het meisje**? Zie je **haar**? Ze speelt met **haar** pop.
*Siehst du **das Mädchen**? Siehst du **es**? Es spielt mit **seiner** Puppe.*

REGEL Im Plural wird auf alle de- und het-Wörter gleich verwiesen, unabhängig von ihrem Geschlecht:

De boeken zijn hier. **Ze** liggen op tafel. Heb je **hun** titels gezien?
***Die Bücher** sind hier. **Sie** liegen auf dem Tisch. Hast du **ihre** Titel gesehen?*

1. Ergänzen Sie die Tabelle.

		Geschlecht	Subjekt	Objekt	Possessiv
a.	**het-Wort**	sachlich	______	______	______
b.	**de-Wort**	männlich	______	______	______
c.	**de-Wort**	weiblich	______	______	______
d.	**de-Wort**	Plural	______	______	______

2. Männlich oder weiblich? Kreuzen Sie das Geschlecht des Wortes an.

	männlich	weiblich
a. de muzikant	☐	☐
b. de film	☐	☐
c. de journalistiek	☐	☐
d. de olympiade	☐	☐
e. de vakantie	☐	☐
f. de auto	☐	☐
g. de bioscoop	☐	☐

3. Ergänzen Sie die fehlenden Pronomen.

a. Heb je het nieuwste boek van Adriaan van Dis gelezen?
   Ja, ik heb ______ op vakantie meegenomen en heb ______ in een keer uitgelezen.
b. De lege flessen moeten terug naar de glasbak. ______ staan in de gang in een plastic tas.
   O, hier heb ik nog een fles. Neem je ______ ook nog mee, alsjeblieft?
   Maar ______ is toch nog helemaal niet leeg.
   Wat stom, dat had ik niet gezien. Laat ______ dan maar hier.
c. Waar koop jij eigenlijk altijd je krant?
   Ik koop ______ het liefst op het station. Dan kan ik ______ lekker in de trein lezen.
   Maar is ______ niet veel te groot om in de trein te lezen?
   Ja, echt handig is ______ formaat niet, dat klopt.
d. Wat een mooie bloemen! Waar heb je ______ gekocht?
   ______ waren in de aanbieding, gewoon in de supermarkt.
   Echt? Daar hebben ze bloemen? En hoe is ______ kwaliteit daar dan?
   Dat zie je toch, ______ zien er goed uit, ruiken lekker, prima dus.
e. De vereniging moet ______ clubhuis verbouwen.
   ______ heeft gelukkig genoeg geld in de kas, dus dat is geen probleem.
   ______ leden zullen zelf ook bij de verbouwing helpen.
f. Dat meisje werkt in de boekwinkel. ______ heeft me echt goed geholpen.
   Met ______ kennis van de literatuur heb ik nu het juiste boek gevonden.

Reflexivpronomen und reziprokes Pronomen

Reflexivpronomen beziehen sich immer auf das Subjekt des Satzes. Man verwendet sie, wenn das Objekt, das durch das Pronomen bezeichnet wird, mit dem Subjekt des Satzes identisch ist:

Ik was me. *Ich wasche mich.* → Identisch → Reflexivpronomen
Ik was haar. *Ich wasche sie.* (z. B. meine Tochter). → Nicht identisch → Personalpronomen.

Person		Personal-pronomen	Reflexiv-pronomen	
1.	Singular	ik	me	*mich, mir*
2.	Singular	jij/je	je	*dich, dir*
2.	Singular	u	zich/u	*sich*
3.	Singular	hij	zich	*sich*
3.	Singular	zij/ze	zich	*sich*
3.	Singular	het	zich	*sich*
1.	Plural	wij/we	ons	*uns*
2.	Plural	jullie	je	*euch*
3.	Plural	zij/ze	zich	*sich*

! Das Personalpronomen **u** wird mit der Reflexivform **zich** kombiniert, wenn das Personalpronomen und Reflexivpronomen direkt nebeneinander stehen. So wird verhindert, dass zweimal hintereinander u steht.
Vergist u **zich** niet?
Irren Sie sich nicht?

! Verben, die im Deutschen reflexiv sind, sind es nicht automatisch auch im Niederländischen – und umgekehrt. Hier einige Beispiele:
durven *sich trauen*, solliciteren *sich bewerben*, veranderen *sich (ver)ändern*
zich realiseren *realisieren*, zich verslapen *verschlafen*.

Reziprokes Pronomen

REGEL → Mit dem reziproken Pronomen elkaar drückt man eine wechselseitige Beziehung aus. Dies entspricht in etwa dem nicht mehr sehr gebräuchlichen *einander* im Deutschen.

Wij zien **elkaar** morgen. *Wir sehen uns (= einander) morgen.*
Jullie kennen **elkaar** al heel lang. *Ihr kennt euch (= einander) schon sehr lange.*

1. Ergänzen Sie die Sätze mit dem Reflexivpronomen.

Vanmorgen heb ik (a.) _____ verslapen. Ik wilde (b.) _____ eigenlijk nog een keertje omdraaien, maar ik moest (c.) _____ haasten om de trein te halen. Na vijf minuten realiseerde ik (d.) _____ dat ik (e.) _____ had vergist. Ik zat in de verkeerde trein. Lekker dagje! In de volgende trein zat ik naast een oude vrouw. Zij ergerde (f.) _____ aan kinderen in de trein. „Kunnen jullie (g.) _____ niet normaal gedragen?“, vroeg ze aan hen. „O sorry mevrouw, maar wij verheugen (h.) _____ zo! We hebben vandaag vrij!“ Ze vertelden dat ze (i.) _____ niet wilden vervelen en daarom samen naar het strand gingen. Ik verbaasde (j.) _____: een vrije dag midden in de week? Ik vroeg (k.) _____ af of dat wel klopte. Maar ik interesseerde (l.) _____ niet voor hun schooltijden, ik moest op tijd op mijn werk komen. Daar aangekomen verdiepte ik (m.) _____ in mijn werk, ik telefoneerde, schreef e-mails. De zon scheen naar binnen en toen herinnerde ik (n.) _____ die kinderen weer. Die amuseerden (o.) _____ natuurlijk prima op het strand. En ik? Ik was echt jaloers!

2. Bilden Sie Sätze, indem Sie die Satzelemente in die richtige Reihenfolge bringen. Ergänzen Sie das fehlende Reflexivpronomen.

a. niet/ik/kan/onze afspraak/herinneren — Ik kan me onze afspraak niet herinneren.
b. verheugen/zeer/wij/op onze vakantie. — ____________________
c. in het thema/jullie/verdiepen/moeten. — ____________________
d. jij/kleedt/altijd zo chic. — ____________________
e. altijd/zij/met ijskoud water/wast. — ____________________

3. Verbinden Sie die Sätze und ergänzen Sie das Reflexivpronomen, wo es nötig ist.

a. Ich traue mich nicht, das zu fragen.	1. Hij wil __________ solliciteren.
b. Die Kinder benehmen sich perfekt.	2. Sorry, ik heb __________ vergist.
c. Er will sich bewerben.	3. Ik durf __________ het niet te vragen.
d. Sie fragt sich, ob das so gut ist.	4. Er is __________ zoveel veranderd.
e. Es hat sich so viel geändert.	5. De kinderen gedragen __________ perfect.
f. Entschuldige, ich habe mich geirrt.	6. Zij vraagt __________ af of dat zo goed is.

4. Ergänzen Sie die Sätze mithilfe dieser Begriffe:

aan elkaar | door elkaar | bij elkaar | elkaar | met elkaar

a. Jullie mogen __________ samenwerken.
b. Goed, dan zien we __________ morgen. Tot dan!
c. Pas op, je zoontje brengt alle papieren __________!
d. Laten we vanmiddag even __________ komen om dat te bespreken.
e. Frederik en Anka zijn verliefd. Ze moeten de hele tijd __________ denken.

17 Dit is een dag die ik nooit zal vergeten.

Das ist ein Tag, den ich nie vergessen werde.

Relativpronomen und Relativsatz

Das Relativpronomen bezieht sich auf ein Wort im Satz, das vorher genannt wurde. Ein Relativsatz fängt mit einem Relativpronomen an und gibt Informationen über das Bezugswort.

Die wichtigsten Relativpronomen auf Niederländisch sind die und dat. Im Gegensatz zum Deutschen haben die Relativpronomen in allen Fällen die gleiche Form.

REGEL **Die** bezieht sich auf de-Wörter und Indefinitpronomen (→ Kapitel 19).

De jongen die ik vanmiddag heb gezien, ziet er zo goed uit.	*Der Junge, den ich heute Nachmittag gesehen habe, sieht so gut aus.*
Nou ja, de jongens die bij mij in de klas zitten, zijn echt niet knap.	*Nun ja, die Jungen, die bei mir in der Klasse sind, sind wirklich nicht gutaussehend.*
Ken jij iemand die mijn fiets kan maken? Ik kan het helaas echt niet.	*Kennst du jemand, der mein Fahrrad reparieren kann? Ich kann es leider wirklich nicht.*

! **Dat** bezieht sich auf het-Wörter.

Het nummer dat je me gister hebt gegeven, klopt niet.	*Die Nummer, die du mir gestern gegeben hast, stimmt nicht.*
Het kind dat ik een snoepje heb gegeven, huilde heel erg.	*Das Kind, dem ich einen Bonbon gab, weinte sehr.*

! Vor einem niederländischen Relativsatz steht nur dann ein Komma, wenn zusätzliche Informationen gegeben werden, die man aber auch weglassen könnte.

Carolien, die gister nog hier was, is nu …	*Carolien, die gestern noch hier war, ist jetzt …*

Anders als im Deutschen steht **kein Komma**, wenn die Informationen aus dem Relativsatz für das Verständnis notwendig sind:

De vrouw die je op de foto ziet …	*Die Frau, die du auf dem Foto siehst …*

REGEL Das Relativpronomen **wat** benutzt man, um auf unbestimmte Dinge, unbestimmte Mengenangaben oder einen ganzen Satz Bezug zu nehmen, sowie nach Superlativen.

Het is alles **wat** ik kan zeggen.	*Das ist alles, was ich sagen kann.*
Dat is het goedkoopste **wat** ik kan vinden.	*Das ist das Billigste, das ich finden kann.*

1. Ergänzen Sie die Relativpronomen die oder dat.

a. Het drankje _______ ik drink, heet Cuba Libre.
b. De tas _______ jij hebt, vindt ik echt heel opvallend.
c. De radio _______ ik gister heb gekocht, staat in de keuken.
d. Het vakantiehuisje _______ ik heb gehuurd, ligt direct aan de kust.
e. De vlucht _______ ik heb geboekt, kost maar 100 euro.
f. Het vliegtuig _______ daar staat, vliegt naar Lissabon.
g. De oefeningen _______ ik niet goed begrijp, gaan over relatieve bijzinnen.
h. De leraar _______ me dat wilde uitleggen, is er vandaag niet.
i. De programma's _______ vanavond op televisie komen, schijnen echt goed te zijn.

2. Kombinieren Sie zwei Sätze zu einem Satz. Verwenden Sie dazu die oder dat.

a. De buren wonen onder ons. De buren maken veel lawaai.
De buren die onder ons wonen, maken veel lawaai.

b. De show is nu op televisie. De show is echt absurd.
____

c. De zanger zingt hartstikke vals. De zanger ken ik niet.
____

d. Het meisje zit daar. Het meisje is mijn dochter.
____

e. De prinses is vandaag geboren. De prinses heet Charlotte.
____

f. Ik schrijf het boek. Het boek moet in de zomer af zijn.
____

3. Ergänzen Sie die fehlenden Relativpronomen.

Er is een supermarkt (a.) _______ op de grens tussen Nederland en Duitsland staat. Het feit dat de winkel op de grens staat is iets (b.) _______ voor zowel de Duitsers als de Nederlanders voordelen heeft. De koffie (c.) _______ in Duitsland bijvoorbeeld duurder is dan in Nederland, kan voor de Nederlandse prijs worden gekocht. Ook een blikje drinken, (d.) _______ in Duitsland door het „Dosenpfand" duurder is, kun je er voor de Nederlandse prijs kopen. Omgekeerd kunnen de Nederlanders, (e.) _______ spaarzame mensen zijn, in de winkel alcoholische dranken kopen, (f.) _______ door de lagere belasting in Duitsland goedkoper zijn dan in Nederland. „Het beste (g.) _______ er hier is? De fles jenever (h.) _______ € 2,50 per fles goedkoper is dan in Nederland!", aldus een enthousiaste Nederlander. Een pakje sigaretten, (i.) _______ in Duitsland per pakje één euro minder kost, koopt de Nederlandse consument er ook graag. De grens, (j.) _______ door de supermarkt loopt, heeft dus inderdaad voordelen voor de Duitser en de Nederlander (k.) _______ allebei zo min mogelijk geld willen uitgeven. Iets (l.) _______ de eigenaar van de supermarkt goed heeft begrepen!

18 De uitnodiging voor het feest waarover ik je heb verteld!

Die Einladung für das Fest, von dem ich dir erzählt habe!

Relativpronomen mit Präposition

Relativpronomen können auch in Kombination mit einer Präposition auftreten.

REGEL Wenn von Personen die Rede ist und eine Präposition dabei steht, lautet das Relativpronomen immer wie: **Präposition + wie**

Bedoel je die vrouw **met wie** hij gister hier was?	*Meinst du die Frau, **mit der** er gestern hier war?*
Op wie wacht je eigenlijk?	***Auf wen** wartest du eigentlich?*
De man **op wie** ik wacht, is een collega.	*Der Mann, **auf den** ich warte, ist ein Kollege.*
Hij is niet de man **aan wie** ik vaak denk.	*Er ist nicht der Mann, **an den** ich oft denke.*

REGEL Wenn von Dingen die Rede ist und eine Präposition dabei steht, lautet das Relativpronomen waar. **Waar + Präposition** werden zusammen geschrieben. Vor allem in der gesprochenen Sprache und in längeren Sätzen können sie aber auch getrennt werden

Die klompen **waarvoor** u reclame maakt.	*Die Holzschuhe, **für die** sie Werbung machen.*
Die klompen **waar** u reclame **voor** maakt.	*Die Holzschuhe, **für die** sie Werbung machen.*

In längeren Sätzen:

Dit is de trein **waarop** we al meer dan een uur hebben gewacht. Dit is de trein **waar** we al meer dan een uur **op** hebben gewacht.	*Das ist der Zug, **auf den** wir schon über eine Stunde gewartet haben.*
Heb je de lijst gevonden **waarop** ik gisteravond heb geschreven wat we nodig hebben? Heb je de lijst gevonden **waar** ik gisteravond **op** heb geschreven wat we nodig hebben?	*Hast du die Liste gefunden, **auf die** ich gestern Abend geschrieben habe, was wir brauchen?*

! **Met** und **naar** verändern sich, wenn sie mit waar zusammengeschrieben werden:

waar + met = **waarmee**: De pen waarmee ik schrijf … *Der Stift, mit dem ich schreibe …*

waar + naar = **waar naartoe**: Het huis waar ik naartoe ga … *Das Haus, zu dem ich gehe …*

1. Fügen Sie die zwei Informationen zusammen.

a. Mijn lerares. Ik moet met haar praten. *De lerares met wie ik moet praten ...*
b. Het kind. Op het kind moet ik passen. ____________
c. De jongen. Met hem ik ga naar het feest. ____________
d. De vrouw. Ik geef het boek aan haar. ____________
e. De zus. Ik lijk op haar. ____________
f. De arts. Ik ga naar hem. ____________

2. Ergänzen Sie waar + Präposition.

a. *(informeren naar)* Het museum ________ ik geïnformeerd heb, is tot 20 uur open.
b. *(uitnodigen voor)* Het feest ________ ik uitgenodigd ben, begint om zes uur.
c. *(vertellen over)* De film ________ ik je iets wil vertellen, was echt heel erg goed.
d. *(rijden in)* De auto ________ ik rijd, is minstens tien jaar oud.
e. *(begrijpen van)* De tekst ________ ik niet veel begrijp, gaat over filosofie.

3. Schreiben Sie die Sätze aus Aufgabe 2 um. Trennen Sie waar + Präposition.

a. *(informeren naar)* Het museum ____________________, is tot 20 uur open.
b. *(uitnodigen voor)* Het feest ____________________, begint om zes uur.
c. *(vertellen over)* De film ____________________, was echt heel erg goed.
d. *(rijden in)* De auto ____________________, is minstens tien jaar oud.
e. *(begrijpen van)* De tekst ____________________, gaat over filosofie.

4. Ergänzen Sie entweder Präposition + wie oder waar + Präposition.

Nick77: Weet je nog dat ik zo vaak aan Frits moest denken?
Marilù: ________ moest je vaak denken?
Nick77: Frits, je weet wel, Frits ________ ik zoveel verteld heb.
Marilù: O die Frits. Wat is er met die Frits?
Nick77: HIJ HEEFT GEBELD!!!!! We hebben heel lang met elkaar gesproken.
Marilù: En ________ hebben jullie dan zo lang gesproken?
Nick77: Over zijn werk. Over mijn werk. O, en hij heeft me uitgenodigd!!
Marilù: Echt?! ________ heeft hij je uitgenodigd?
Nick77: Voor het open-air concert volgende week.
Marilù: Dat klinkt goed! Leuk, joh!
Nick77: JA!! Een concert ________ iederen spreekt. Mag ik daarvoor jouw zijden T-shirt lenen?
Marilù: ...
Nick77: Marilù? Hallo? Marilù?

19 Zie je iets? – Nee, er is niets te zien. Ik zie geen enkele beer.

Siehst du etwas? – Nein, es gibt nichts zu sehen. Ich sehe keinen einzigen Bären.

Indefinitpronomen

Indefinitpronomen bezeichnen eine nicht näher bestimmte Person oder Sache. Sie können selbständig verwendet werden oder in Kombination mit einem Substantiv stehen (attributive Verwendung).

Einige sind unveränderlich, andere können mit den Endungen -e oder -en auftreten. Hier die wichtigsten Indefinitpronomen:

attributiv		**selbständig**	
alle	*alle*	alle(n)	*alle*
een paar	*ein paar*	een paar	*ein paar*
elk(e)	*jede*	elk	*jede*
enig(e)	*einzig, einige*	enige(n)	*einige*
enkel(e)	*einige*	enkele(n)	*einige*
ieder(e)	*jeder*	ieder/iedereen	*(ein) jeder*
		iemand	*jemand*
		iets	*etwas*
		niemand	*niemand*
		niets	*nichts*
sommige	*manche*	sommige(n)	*manche*
veel/vele	*viele*	vele(n)	*viele*
verschillende	*mehrere*	verschillende	*mehrere*

REGEL Wenn die Indefinitpronomen elk, enig, enkel und ieder vor einem Substantiv stehen, bekommen sie vor de-Wörtern ein **-e**, vor het-Wörtern nicht.

Ik ga **ieder/elk** jaar naar Spanje. *Ich fahre jedes Jahr nach Spanien.*
Ik ga **iedere /elke** week naar mijn moeder. *Ich gehe jede Woche zu meiner Mutter.*

REGEL Ein **-n** bekommen die Indefinitpronomen alle, enige, enkele, sommige, vele, wenn sie selbständig verwendet werden und sich auf Personen im Plural beziehen.

Enkelen komen uit het buitenland. *Einige kommen aus dem Ausland.*
Sommigen zijn te laat gekomen. *Manche sind zu spät gekommen.*

! **Kein -n** erhalten die Indefinitpronomen alle, enige, enkele, sommige, vele hingegen, wenn sie nur **scheinbar** selbständig verwendet werden.

De kinderen gaan bijna allemaal vroeg weg, **sommige** (= sommige kinderen) blijven langer.
Die Kinder gehen fast alle früh weg, aber manche (= manche Kinder) bleiben länger.

1. Ergänzen Sie die Sätze mit den Indefinitpronomen.

enkel niemand iedereen iemand niets een paar

a. Ik begrijp _________ van mijn huiswerk.
b. Kan _________ mij misschien helpen?
c. _________ zegt dat het zo makkelijk is.
d. Ik heb echt nog wel _________ vragen.
e. Ik heb geen _________ idee hoe ik dit moet doen.
f. Is er echt _________ die me kan helpen?

2. Ergänzen Sie die Sprichwörter in der linken Spalte mit den Pronomen.
Verbinden Sie dann das Sprichwort mit seiner Bedeutung.

niets iemand vele ieder alle

a. _________ beetjes helpen	1. alles is al eerder vertoond
b. _________ nieuws onder de zon	2. er is overal wel iets niet in orde
c. _________ huisje heeft zijn kruisje	3. iemand aanwijzen als schuldige
d. _________ handen maken licht werk	4. als velen helpen gaat het sneller en beter
e. _________ iets in de schoenen schuiven	5. kleine dingen dragen bij aan een groot geheel

3. Kreuzen Sie das richtige Indefinitpronomen an.

a. ☐ Sommige ☐ Sommigen begrijpen de grammatica nog steeds niet.
b. ☐ Sommige ☐ Sommigen leerlingen vinden grammatica moeilijk.
c. ☐ Alle ☐ Allen films die ik heb gezien waren interessant.
d. ☐ Vele ☐ Velen tanken alleen in het weekend.
e. ☐ Enkele ☐ Enkelen cursisten gaan weg, ☐ enkele ☐ enkelen blijven.
f. ☐ Elke ☐ Elken keer dat ik daar kom, moet ik aan hem denken.

4. Vervollständigen Sie die Übersetzungen.

a. *Ich habe das vor einiger Zeit gelesen.*	Ik heb dat _________ tijd geleden gelezen.
b. *Er hat das einige Male gesagt.*	Hij heeft dat _________ keren gezegd.
c. *Das vergisst sie jedes Mal wieder.*	Dat vergeet zij _________ keer weer.
d. *Manche Kunden wollen das nicht.*	_________ klanten willen dat niet.
e. *Es gibt mehrere richtige Antworten.*	Er zijn _________ juiste antwoorden.
f. *Ich fahre jedes Jahr nach Frankreich.*	Ik ga _________ jaar naar Frankrijk.
g. *Ich habe dort jemanden gesehen.*	Ik hcb daar _________ gezien.
h. *Aber du hast doch gar nichts getan.*	Maar jij hebt toch helemaal _________ gedaan.
i. *Ich habe alle Fragen beantwortet.*	Ik heb _________ vragen beantwoord.

20 Waar ben je? Waarom ben je niet gekomen?

Wo bist du? Warum bist du nicht gekommen?

Fragewörter

Mit Fragewörtern wie z. B. waarom *warum*, was *wat*, hoezo *wieso* fängt man einen Fragesatz an.

In der unten stehenden Tabelle finden Sie die wichtigsten niederländischen Fragewörter.

hoe	*wie*	Hoe heet jij?	*Wie heißt du?*
hoe lang	*wie lange*	Hoe lang ga je weg?	*Wie lange gehst du weg?*
hoeveel	*wie viel(e)*	Hoeveel kinderen heb je?	*Wie viele Kinder hast du?*
hoezo	*wieso*	Hoezo vraag je dat?	*Wieso fragst du das?*
waar	*wo*	Waar woon je?	*Wo wohnst du?*
waar … naartoe	*wohin*	Waar ga je naartoe?	*Wo gehst du hin?*
waar … vandaan	*woher*	Waar kom je vandaan?	*Wo kommst du her?*
waarom	*warum*	Waarom zeg je niets?	*Warum sagst du nichts?*
wanneer	*wann*	Wanneer kom je?	*Wann kommst du?*
wat	*was*	Wat doe je?	*Was machst du?*
wat voor	*was für*	Wat voor cadeaus koop je?	*Was für Geschenke kaufst du?*
welk(e)	*welche(r/s)*	Welke krant lees je?	*Welche Zeitung liest du?*
wie	*wer, wem, wen* usw.	Wie helpt mij?	*Wer hilft mir?*

REGEL *Bis auf* **welk(e)** *welcher, welche, welches* sind die Fragewörter unveränderlich. Welke wird für de-Wörter verwendet (Eselsbrücke: beide enden auf -e), welk für het-Wörter.

Welk kind gaat met jou mee? — *Welches Kind geht mit dir?*
Welke kinderen gaan met jou mee? — *Welche Kinder gehen mit dir?*

REGEL Das Fragewort **waar** kann mit vielen Präpositionen kombiniert werden. Waar + Präposition werden zusammengeschrieben, wenn sie nebeneinander stehen. Es ist allerdings auch möglich, Satzteile zwischen waar + Präposition zu platzieren.

De bal ligt achter de bank. — *Der Ball liegt hinter der Couch.*
Waarachter ligt de bal? / Waar ligt de bal achter? — *Wohinter liegt der Ball?*

Ik rij langs het tankstation. — *Ich fahre an der Tankstelle vorbei.*
Waarlangs rij je? Waar rij je langs? — *Woran fährst du vorbei?*

! Waar + met → **waarmee** *womit*, oder, getrennt, **waar … mee**.

Waarmee maak jij de keuken schoon?
Waar maak jij de keuken mee schoon?
} *Womit putzt du die Küche?*

1. Ergänzen Sie das Fragewort. Verbinden Sie die Fragesätze mit der jeweils passenden Situation.

a. _______ kost dat?
b. Met _______ spreek ik?
c. _______ kamer heb ik?
d. _______ zeg je zoiets?
e. _______ is het stationsplein?
f. _______ wilt u als voorgerecht?

1. in een stad
2. in een hotel
3. in een ruzie
4. in een winkel
5. in een restaurant
6. in een telefoongesprek

2. Vervollständigen Sie die Fragen und kreuzen Sie die richtige Antwort an.

a. __________ is de hoofdstad van Nederland?
- Den Haag
- Amsterdam
- Maastricht

b. __________ stad is de hoofdstad van België?
- Brussel
- Antwerpen
- Gent

c. __________ wordt Koningsdag in Nederland gevierd?
- op 26 april
- op 27 april
- op 30 april

d. __________ schilderde het beroemde schilderij „De Nachtwacht"
- Rubens
- Van Gogh
- Rembrandt

e. __________ km is de Elfstedentocht? *(schaatsroute door de elf steden van Friesland)*
- bijna 50 km
- bijna 100 km
- bijna 200 km

f. __________ heet de weg die de provincie Noord-Holland met Friesland verbindt?
- Afsluitdijk
- Deltawerken
- Brouwersdam

3. Hier stehen nur die Antworten. Was war wohl jeweils die Frage?

a. *Waarom gaat hij naar huis?*
Hij gaat naar huis, omdat hij zich niet lekker voelt.

b. ______________________________
Zij heeft een boek, een pen en een schrift.

c. ______________________________
De boeken van Boudewijn Büch heeft hij gelezen.

d. ______________________________
Zij gaat naar het popfestival.

e. ______________________________
Het programma begint om 14.50 uur.

4. Übersetzen Sie.

a. *Wann kommt Petra?* ______________________________
b. *Wie kommt Hans nach Hause?* ______________________________
c. *Welcher Bus fährt nach Aachen?* ______________________________

21 Gaan we naar jou of naar mij?

Gehen wir zu dir oder zu mir?

Präpositionen

Die Präpositionen werden insgesamt ähnlich verwendet wie im Deutschen. Hier zeigen wir Ihnen daher nur die Fälle, die besondere Aufmerksamkeit verdienen.

Im Niederländischen ersetzen die Präpositionen oft die fehlenden **Kasus**:

*Ich nehme das Auto **meiner** Tante.* Ik neem de auto **van** mijn tante.
Er holt uns noch ein Bierchen. Hij haalt nog een biertje **voor** ons.
*Ich frage **den** Mann, ob er Kaffee will.* Ik vraag **aan** de man of hij koffie wil.

Vor allem bei **Zeitangaben** werden oft andere Präpositionen als im Deutschen verwendet.

***am** Montag*	**op** maandag	***um** acht Uhr*	**om** acht uur
***am** Wochenende*	**in** het weekend	*zehn **vor** vier*	tien **voor** vier
***unter** der Woche*	**door** de week	*Viertel **nach** zehn*	kwart **over** tien
***vor** einem Monat*	een maand **geleden**	***bis** morgen*	**tot** morgen
***in** einer Stunde*	**over** een uur	***nach** dem Sport*	**na** sport

Bei **Ortsangaben** sollte man beachten:

REGEL ***Über*** heißt – je nach Bedeutung – **over** oder **boven**.
Die Lampe hängt über dem Tisch. De lamp hangt boven de tafel. (Ruhe, Situation)
Ich springe über den Stein. Ik spring over de steen. (Bewegung)

REGEL ***Nach, zu, in*** (zur Angabe der Richtung) heißt auf Niederländisch **naar**:
Gehen wir zu dir oder zu mir? Gaan we naar mij of naar jou?
Ich fahre nach Belgien. Ik rij naar België.
Ich gehe ins Kino. Ik ga naar de bioscoop.

REGEL ***In*** zur Angabe des Ortes heißt auch auf Niederländisch **in**: *im Haus* in het huis.

! Bei werk, kantoor und school verwendet man **op** zur Angabe des Ortes:
in der Arbeit **op** het werk, *in der Schule* **op** school, *im Büro* **op** kantoor.

! Bei kantoor und school entfällt in diesem Fall der Artikel:
*Ich kann jetzt nicht, ich bin **in** der Arbeit.* Ik kan nu niet, ik ben **op** het werk.
*Bis wann bist du **im** Büro?* Tot hoe laat ben je **op** kantoor?

REGEL Steht hinter *mit* mit wem oder mit was, dann heißt ***mit*** **met**, ansonsten **mee**.
Ich fahre mit dem Rad zur Arbeit. Ik ga met de fiets naar mijn werk.
Es tut mir leid, ich fahre nicht mit. Het spijt me, ik ga niet mee.

1. Kreuzen Sie die richtige Form an.

a. Spreken we dan … maandag af?
- ☐ op
- ☐ aan

b. Nee, ik heb alleen tijd … het weekend.
- ☐ aan
- ☐ in

c. Prima. Zaterdag ... drie uur dan?
- ☐ op
- ☐ om

d. Kwart … drie is voor mij beter.
- ☐ over
- ☐ om

e. Goed, dan … zaterdag.
- ☐ tot
- ☐ aan

f. Wat doe je … de week?
- ☐ onder
- ☐ door

2. Ergänzen Sie die fehlenden Präpositionen.

het was _______ een mooie warme zomerdag	*es war an einem schönen warmen Sommertag*
dat ik zomaar _______ het groene gras lag	*dass ich nur so im grünen Gras lag*
ik keek _______ de blauwe lucht	*ich schaute zum blauen Himmel*
en dacht _______ een zucht	*und dachte mit einem Seufzer*
gewoon _______	*einfach an*
niets	*nichts*

3. Ergänzen Sie na oder naar.

a. Iedere middag fiets ik _______ Maria.
b. Zaterdags ga ik graag _______ een café.
c. _______ de vakantie moet ik weer werken.
d. _______ sport wil ik altijd eerst douchen.
e. Ga je mee _______ de cursus een biertje drinken?
f. Eerst ga ik _______ sport en daarna _______ het feest.

4. Ergänzen Sie met oder mee.

a. Waar poets jij je tanden _______?
b. _______ tandpasta natuurlijk. Hoezo?
c. Nee, ik bedoel _______ welke tandpasta?
d. Kom maar _______ dan laat ik je het zien.
e. Hier, neem maar _______. Ik heb nog drie tubes.
f. Wat moet jij _______ zoveel tandpasta?

5. Verbinden Sie die Satzteile mit der jeweils richtigen Präposition.

a. Die pen is	naar	gesprek.
b. Ieder kind gaat		tijd.
c. De kast is gemaakt	op	het café.
d. Meneer Jansen werkt		kantoor.
e. In het weekend ga ik graag	van	hout.
f. Vrijdags zit ik 's avonds altijd		school.
g. Het spijt me, de heer Petersen is	in	mij.
h. Het begint om 8 uur. Kom alsjeblieft		een concert.

(Beispiel: Die pen is → van → mij.)

Jippie! We gaan op vakantie!

Juhu! Wir fahren in den Urlaub!

Präpositionen: feste Fügungen

Manche Verben sind mit einer festen Präposition verbunden. Hier gibt es leider keine Regeln – am besten lernt man die Präposition gleich zusammen mit dem Verb.

zich abonneren op *abonnieren*	Ik abonneer me op de krant. *Ich abonniere die Zeitung.*
bang zijn voor *Angst haben vor*	Ik ben bang voor spinnen. *Ich habe Angst vor Spinnen.*
benieuwd zijn naar *gespannt sein auf*	Hij is benieuwd naar jou. *Er ist auf dich gespannt.*
boos zijn op *böse sein auf*	Ze is boos op hem. *Sie ist böse auf ihn.*
het eens zijn met *einer Meinung sein mit*	Ik ben het met hem eens. *Ich bin mit ihm einer Meinung.*
feliciteren met *gratulieren zu*	Gefeliciteerd met je verjaardag! *Herzlichen Glückwunsch zum Geburtstag!*
geloven in *glauben an*	Zij gelooft in God. *Sie glaubt an Gott.*
genieten van *genießen*	Jij geniet van de zon. *Du genießt die Sonne.*
hekel hebben aan *absolut nicht mögen*	Ik heb een hekel aan wiskunde. *Ich mag Mathe absolut nicht.*
op de hoogte zijn van *informiert sein*	Ik ben op de hoogte van de situatie. *Ich bin über die Situation informiert.*
houden van *lieben*	Ik hou van jou. *Ich liebe dich.*
kijken naar *(an)sehen, gucken*	Kijkt hij naar mij? *Sieht er zu mir?*
lachen om *lachen über*	Hij lacht om haar. *Er lacht über sie.*
lijken op *ähnlich sehen*	Ze lijkt op mij. *Sie sieht mir ähnlich.*
luisteren naar *(an)hören* (bewusst)	Ik luister naar de radio. *Ich höre Radio.*
rekening houden met *berücksichtigen*	Hou rekening met files. *Berücksichtige die Staus.*
slagen voor *bestehen*	Ik slaag voor de test. *Ich bestehe den Test.*
in staat zijn *in der Lage sein*	Ze is niet in staat te tekenen. *Sie ist nicht imstande zu unterschreiben.*
trek hebben in (eten) *Lust haben auf*	Ik heb trek in patat. *Ich habe Lust auf Pommes.*
met/op vakantie gaan *in Urlaub fahren*	Nog één nachtje … dan ga ik op vakantie! *Noch eine Nacht … dann fahre ich in den Urlaub!*
zich verheugen op *sich freuen auf*	Ik verheug me op de party. *Ich freue mich auf die Party.*
uitnodigen voor *einladen zu*	Ik ben uitgenodigd voor het feest. *Ich bin zu dem Fest eingeladen.*
zakken voor *nicht bestehen*	Hij is gezakt voor zijn test. *Er hat seinen Test nicht bestanden.*
zin hebben in *Lust haben auf*	Ik heb nergens zin in. *Ich habe auf gar nichts Lust.*

1. Finden Sie die drei Fehler, die die Deutsche Emmi gemacht hat, und bessern Sie sie aus.

Hoi Nathalie.

Ik ben geslaagd voor mijn eindexamen!! Voordat ik op vakantie ga en heerlijk zon, zee en sangria ga genieten, geef ik nog een knallend feest. Je bent natuurlijk van harte naar dat feest uitgenodigd. Op 30 juni ben je welkom vanaf 20.00 uur bij ons thuis. Hou er s.v.p. wel rekening mee dat de laatste trein om 00.35 uur gaat. Als je wilt blijven slapen, geen probleem, bel me even! Ik heb er echt zin aan en verheug me op je komst! Laat je even weten of je kunt komen? Liefs, Emmi

2. Verbinden Sie die Sätze.

a. Ben je op de hoogte	1. voor spinnen.
b. Ik ben zo benieuwd	2. aan huiswerk.
c. Ben je geabonneerd	3. op mijn moeder.
d. Vreselijk, ik heb echt een hekel	4. om zoveel domheid.
e. Het is onzin, maar ik ben zo bang	5. naar je nieuwe vriend.
f. Sorry, maar ik kan echt niet lachen	6. met je vijftigste verjaardag!
g. Mijn zus lijkt als twee druppels water	7. op een ochtend- of avondkrant?
h. Lieve Hanne, van harte gefeliciteerd	8. van de nieuwste ontwikkelingen?

3. Welche Präposition passt für beide Sätze?

a.	______	Ik heb zo'n zin ____ de vakantie.	Heb je ook trek ____ patat?
b.	______	Ben je benieuwd ____ het resultaat?	Hij kijkt zo verliefd ____ jou!
c.	______	Ben je het ____ hem eens?	Hou wel rekening ____ het weer!
d.	______	Ik lijk echt veel ____ mijn vader.	Ik verheug me nu al ____ het weekend.
e.	______	Zij is alweer gezakt ____ het examen.	Ik ben niet uitgenodigd ____ het feest.

4. Ergänzen Sie das richtige Wort.

rij-examen | collega's | vakantie | Frank | moeder | ijsje

a. Overmorgen ga ik met __________

b. Ik heb echt trek in een __________

c. Het was te verwachten: Tobias is gezakt voor zijn __________

d. Is zij vandaag jarig? O, dan gefeliciteerd met je __________![1]

e. In juli kan ik niet vrij nemen. Ik moet rekening houden met mijn __________

f. Heeft hij dat gezegd? Sorry, maar dan ben ik het niet met __________ eens.

[1] Im niederländischen Sprachraum gratuliert man nicht nur dem Geburtstagskind, sondern auch den nächsten Verwandten und Partnern.

Wählen Sie die richtige Antwort.

Pronomen

1. Ik heet Hannie. En …?
   a) jij
   b) je

2. Meneer en mevrouw Put, heeft … tijd?
   a) jullie
   b) u

3. Jij hebt mij niet gezien. Ik … wel.
   a) je
   b) jou

4. Ik ga met … naar de markt.
   a) hen
   b) hun

5. Kan ik … iets vragen?
   a) jou
   b) jouw

6. Zij wandelt met … vriend.
   a) hen
   b) haar

7. De mannen bestellen … bier.
   a) hen
   b) hun

8. Is dat … tas, mevrouw Pijlstra?
   a) uw
   b) u

9. ... boek is nieuw, maar dat boek is oud.
   a) Dit
   b) Dat

10. Deze kinderen zijn ziek. … niet.
    a) die
    b) dit

11. Het is niet leuk. … moet je accepteren.
    a) dat
    b) deze

12. Het meisje is leuk. … is acht jaar.
    a) het
    b) zij

13. De vereniging is groot. … heeft 150 leden.
    a) hij
    b) zij

14. Ik erger … daar zo over.
    a) mij
    b) me

15. U kunt … hier aanmelden.
    a) zich
    b) uw

16. De man … daar zit, ken ik niet.
    a) deze
    b) die

17. De kinderen … daar lopen, hebben vrij.
    a) die
    b) deze

18. Mijn werk … ik moet doen, vind ik niet leuk.
    a) dat
    b) die

19. De collega met … ik heb gesproken, vind ik eigenlijk helemaal niet aardig.
    a) die
    b) wie

20. Het probleem … ik nadenk, is gecompliceerd.
    a) over dat
    b) waarover

21. … komen vandaag niet.
    a) Sommigen
    b) Sommige

22. Veel mensen gaan, maar niet …
    a) alle
    b) allen

Fragewörter

23. ... helpt mij?
    a) hoe
    b) wie

24. … doe je dat?
    a) hoe
    b) wie

25. ... is je telefoonnumer?
    a) hoe
    b) wat

Präpositionen

26. Ga je … huis?
    a) naar
    b) na

27. … de film ga ik slapen.
    a) na
    b) naar

28. Ik neem vandaag niets …
    a) met
    b) mee

29. Hou rekening … het weer.
    a) mee
    b) met

30. Ik heb zo'n zin … poffertjes.
    a) op
    b) in

Vergleichen Sie nun Ihre Antworten mit den Lösungen auf Seite 123. Dieser Tabelle können Sie entnehmen, auf welches Kapitel sich jede Aufgabe bezieht. Wenn Sie eine Aufgabe nicht richtig gelöst haben, können Sie das entsprechende Kapitel wiederholen.

Aufgabe	Kapitel	Aufgabe	Kapitel	Aufgabe	Kapitel	Aufgabe	Kapitel	Aufgabe	Kapitel
1	11	7	13	13	15	19	18	25	20
2	11	8	13	14	16	20	18	26	21
3	12	9	14	15	16	21	19	27	21
4	12	10	14	16	17	22	19	28	21
5	12	11	14	17	17	23	20	29	22
6	13	12	15	18	17	24	20	30	22

23 „Praten" … „praat" met twee a's

„Praten" … „praat" mit zwei a"

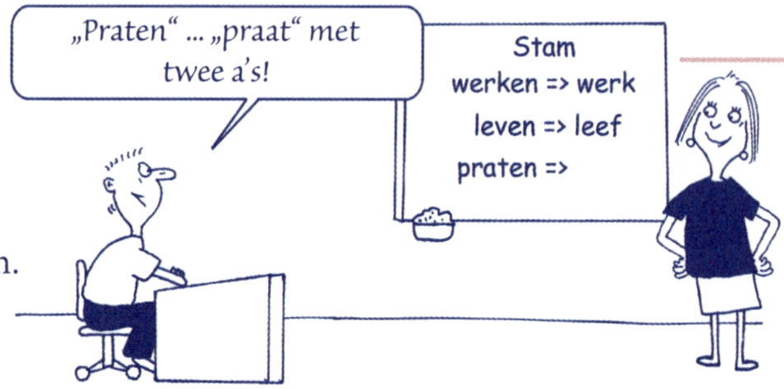

Verbstamm

Um ein niederländisches Verb konjugieren zu können, muss man seinen Stamm kennen. Der Stamm lässt sich aus dem Infinitiv, der ungebeugten Verbform, ableiten.

Im ersten Schritt bildet man den sogenannten „rohen Stamm":

REGEL **Infinitiv – en** = roher Stamm, z. B.
werken *arbeiten* – **en** = werk, fietsen *radeln* – **en** = fiets
Danach prüft man, ob der rohe Stamm noch verändert werden muss, oder ob er schon dem endgültigen Stamm entspricht. Dabei sind drei Regeln zu beachten (‣ auch Kapitel 1, 2):

REGEL **1. Die Vokallänge bleibt erhalten**

lopen *laufen*	in Silben trennen		lo-pen	Das o ist lang.
	Infinitiv – en	→	lop	Das o ist kurz!
	→ Längung des Vokals nötig		**loop**	Der Stamm schreibt sich mit oo und ist lang.

! Die Diphthonge au, ei, eu, ie, ij, oe, ou, und ui sind immer lang, ob in einer geschlossenen oder offenen Silbe. Eine Anpassung ist demnach nie notwendig.
boeken *buchen*: boe-ken (offen, lang) → boek (geschlossen, aber immer noch lang)

REGEL **2. Ein Stamm endet nie auf -v oder -z.**
V wird am Stammende zu f, z wird zu s. So bildet man z. B. den Stamm von lezen:

lezen *lesen*	in Silben trennen		le-zen	Das e ist lang.
	Infinitiv – en	→	lez	Das e ist kurz!
	→ Längung des Vokals nötig		leez	Das e ist lang.
	-z am Ende wird -s		**lees**	Der Stamm schreibt sich mit ee und s.

REGEL **3. Ein Stamm endet nie auf zwei identischen Konsonanten.**

stoppen *stoppen*	in Silben trennen		stop-pen	o ist kurz.
	Infinitiv – en	→	stopp	o ist kurz.
	→ keine Vokalanpassung nötig		stopp	
	Streichung eines Konsonanten		**stop**	Der Stamm schreibt sich mit einem o und einem p.

! Nicht alle Verben enden auf -en, z. B. gaan *gehen*. Hier streicht man nur das -n. Ein Verb wie doen *tun* besteht aus d-oe-n, deswegen kann man hier auch nur das -n streichen, der Stamm ist doe. Das gleiche gilt für zien *sehen*, Stamm: zie.

1. Bilden Sie die Stämme der folgenden Verben – Schritt für Schritt.

Infinitiv	Silben	Vokallänge kurz	Vokallänge lang	Infinitiv minus -en	Vokallänge kurz	Vokallänge lang	Stamm
a. kopen	ko-pen	☐	✗	kop	✗	☐	koop
b. fietsen		☐	☐		☐	☐	
c. horen		☐	☐		☐	☐	
d. weten		☐	☐		☐	☐	
e. merken		☐	☐		☐	☐	
f. binden		☐	☐		☐	☐	
g. brouwen		☐	☐		☐	☐	
h. maken		☐	☐		☐	☐	
i. vergeten		☐	☐		☐	☐	

2. Wählen Sie jeweils den richtigen Stamm.

a. staken *streiken*
- ☐ stak
- ☐ staak

b. beginnen *beginnen*
- ☐ begin
- ☐ beginn

c. geloven *glauben*
- ☐ geloof
- ☐ gelof

d. bewijzen *beweisen*
- ☐ bewijs
- ☐ bewijz

e. bewerken *bearbeiten*
- ☐ bewerk
- ☐ beweerk

f. kiezen *wählen*
- ☐ kies
- ☐ kiez

g. praten *reden*
- ☐ prat
- ☐ praat

h. zitten *sitzen*
- ☐ zitt
- ☐ zit

i. strijken *bügeln*
- ☐ strijk
- ☐ striijk

j. kennen *kennen*
- ☐ kenn
- ☐ ken

3. Wie lautet der Stamm der folgenden Verben?

a. plassen *pieseln* ____________

b. blijven *bleiben* ____________

c. blozen *erröten* ____________

24 Slaap je? Nee, ik slaap niet. Ik denk na.

Schläfst du? Nein, ich schlafe nicht. Ich denke nach.

Präsens: regelmäßige Verben

Der Stamm eines Verbes ist die Basis der Konjugation (→ Kapitel 23). Zur Bildung der Präsensformen hängt man an den Verbstamm **-t** oder **-en**, in der 1. Person Singular erhält das Verb keine Endung.

REGEL **Regelmäßige Präsensbildung**

ik	werk	*ich arbeite*	wij	werk+**en**	*wir arbeiten*
jij	werk +**t**	*du arbeitest*	jullie	werk+**en**	*ihr arbeitet*
u	werk +**t**	*Sie arbeiten*	zij	werk+**en**	*sie arbeiten*
hij/zij/het	werk +**t**	*er/sie/es arbeitet*			

REGEL Wenn jij/je *du* **hinter** dem konjugierten Verb steht (Inversion), entfällt die Endung -t.
Jij **werkt** toch halve dagen? *Du arbeitest doch halbtags?*
Of **werk** je ook hele dagen? *Oder arbeitest du auch ganztägig?*

REGEL Endet der Stamm auf -t, wird nicht noch ein t hinzugefügt. Dann sind alle Formen im Singular gleich: wachten *warten* → ik wacht, jij wacht, u wacht, hij wacht.

! Bei den Verben doen *tun* und zien *sehen* endet der Infinitiv nicht auf -en, sondern auf **-n** (doen besteht aus d - oe - n, zien aus z -ie - n). Dementsprechend bildet man den Stamm, indem man das **-n** entfernt: doe, zie.

! Drei wichtige einsilbige Verben enden auf -aan und bilden den Stamm wie folgt:
gaan *gehen*: ga; slaan *schlagen:* sla, staan *stehen:* sta.
Achten Sie beim Konjugieren dieser Verben besonders auf die Rechtschreibregeln (→ Kapitel 1, Kapitel 2): Es heißt ik g**a** *ich gehe*, aber jij g**aa**t *du gehst* usw.

! Bei den Verben houden (van) *mögen, lieben*, rijden *fahren* und snijden *schneiden* kann in der 1. Person Singular das d entfallen:
ik houd/rijd/snijd oder (weniger formell) ik hou/rij/snij.

Wenn in der 2. Person Singular das Pronomen hinter dem Verb steht (Inversion), kann ebenfalls das d entfallen:
jij houdt → houd/hou jij
jij rijdt → rijd/rij jij
jij snijdt → snijd/snij jij

1. Die lieben Kinder haben die Mauer vollgekritzelt. Bessern Sie die Fehler aus.

2. Konjugieren Sie die folgenden Verben.

a. breken *brechen*	ik ____	jij ____	jullie ____
b. geloven *glauben*	ik ____	zij ____	wij ____
c. gaan *gehen*	ik ____	jij ____	jullie ____
d. doen *tun, machen*	ik ____	het ____	wij ____
e. verbazen *staunen*	ik ____	jij ____	jullie ____
f. geven *geben*	ik ____	het ____	wij ____

3. Setzen Sie die richtigen Verbformen ein. In Frage und Antwort steht jeweils dasselbe Verb.

a. ▲ Gaat hij naar school? ● Nee, hij ____ niet. Hij doet alsof hij ziek is.
b. ▲ Wat ____ jij leuker: voetbal of tennis? ● Ik vind voetbal veel leuker.
c. ▲ Sinds wanneer ____ jij bij dat bedrijf? ● Ik werk daar nu sinds januari.
d. ▲ Jullie dansen toch bij een dansschool? ● Nee joh, we ____ daar al lang niet meer.
e. ▲ Waar ____ Sandra eigenlijk naartoe? ● Zij fietst naar de stad en gaat lekker shoppen.
f. ▲ Jij ____ het toch geen probleem dat ik kom? ● Eh, nee, natuurlijk vind ik dat geen probleem.

4. Setzen Sie die passenden Verben ein. Ein Verb kommt zweimal vor!

zeggen, denken, maken, begrijpen, slapen, gaan, doen, horen, moeten, liggen

a. Waarom ____ je hier bijna op je laptop te slapen?
b. Ik ____ dat ik een beetje te veel werk.
c. En waarom ____ je dan niet gewoon lekker naar bed?
d. Ik ____ eerst mijn werk afmaken.
e. Ja maar … je slaapt toch? Dan ____ je je werk ook niet af.
f. In bed ____ ik geen oog dicht.
g. Dat ____ ik niet. Waarom ____ je wel op je laptop en niet in je bed?
h. In bed ____ een stemmetje steeds tegen mij: „Je moet nog werken. Je moet nog werken".
i. En als je met je hoofd op de laptop ligt ____ je die stem niet?
j. Nee, dan kan ik heerlijk ____.
– Aha. Nou ja, slaap lekker dan maar!

25 Kijk en dit is onze sterkok. – We hebben niets te eten.

Schau, und das ist unser Sterne-Koch. – Wir haben nichts zu essen.

Präsens: unregelmäßige Verben ***hebben*, *zijn*, *komen***

Die Formen der Verben zijn *sein* und hebben *haben* sind unregelmäßig.

zijn *sein*		hebben *haben*	
ik	ben	ik	heb
jij	bent	jij	hebt
u	bent	u	hebt/heeft
hij/zij/het	is	hij/zij/het	heeft
wij	zijn	wij	hebben
jullie	zijn	jullie	hebben
zij	zijn	zij	hebben

! Wenn jij/je hinter dem Verb steht (Inversion), entfällt das -t am Ende des Verbs (→ Kapitel 24).

Jij **bent** vandaag alweer te laat! — *Du bist heute schon wieder zu spät!*
Waarom **ben** jij vandaag zo laat? — *Warum bist du heute so spät?*
Jij **hebt** echt een lekker kleurtje! — *Du hast wirklich eine schöne Farbe!*
Waarom **heb** jij zo'n lekker kleurtje? Vakantie? — *Warum hast du so eine schöne Farbe? Urlaub?*

! U hebt und u heeft *Sie haben* sind beide korrekt. U hebt wird etwas öfter verwendet.

komen *kommen*	
ik	kom
jij	komt
u	komt
hij/zij/het	komt
wij	komen
jullie	komen
zij	komen

! Das Verb komen sieht vielleicht regelmäßig aus, ist es aber nicht. Erinnern Sie sich an die 1. Regel zur Bildung des Stamms (→ Kapitel 23): Die Vokallänge des Infinitivs sollte erhalten bleiben. Bei komen ist der Klang des Vokals o im Infinitiv lang, in den Singularformen jedoch kurz! Komen ist also unregelmäßig.

! Steht jij/je hinter dem Verb (Inversion), entfällt auch bei komen das -t:

Jij komt morgen, toch? — *Du kommst morgen, oder?*
Hoe laat kom je dan? — *Wie spät kommst du denn?*

1. Ergänzen Sie die fehlenden Formen der Verben hebben, zijn und komen.

Person	**zijn** *sein*	**hebben** *haben*	**komen** *kommen*
ik	ben	heb	________
jij	________	________	komt
u	bent	________/heeft	________
hij/zij/het	is	heeft	________
wij	zijn	________	komen
jullie	________	hebben	komen
zij	zijn	hebben	________

2. Diese Stellenanzeige für eine(n) Animateur(in) wurde in der Sie-Form geschrieben. Aber eigentlich duzt man sich in diesem Job. Formulieren Sie die Anzeige um.

Werken als animateur m/v?
Bent u enthousiast?
Hebt u altijd veel energie?
Heeft u in de zomermaanden tijd? Bent u stressbestendig?
Bent u tussen 18 en 25 jaar?
Komt u altijd op tijd?
Heeft u zin om te werken in de zon?
U heeft geen probleem met lange werktijden?

a. ________ enthousiast?
b. ________ altijd veel energie?
c. ________ in de zomermaanden tijd?
d. ________ stressbestendig?
e. ________ tussen 18 en 25 jaar?
f. ________ altijd op tijd?
g. ________ zin om te werken in de zon?
h. ________ geen probleem met lange werktijden?

3. Ergänzen Sie die fehlenden Formen von hebben, komen und zijn.

a. ▲ ________ je morgen wel op tijd, lieve Bettina?
b. ● Ik ________ toch altijd op tijd!
c. ▲ Ja, maar Hanno ________ gezegd dat we er precies om drie uur moeten zijn.
d. ● Geen probleem, ik ________ om exact drie uur bij jullie.
e. ▲ ________ jij eigenlijk enig idee wat we gaan doen?
f. ● Nee, hij ________ niks gezegd. Geen idee.
g. ▲ Ik ________ bang dat het geen leuke verrassing wordt.
h. ● Ik weet het echt niet. ________ Guus en Ilke eigenlijk ook?
i. ▲ Ja, Guus ________ iets eerder dan Ilke, dat ________ hij gister gezegd.
j. ● Hanno ________ heel sportief. Ik denk dat we iets sportiefs gaan doen.
k. ▲ ________ jij zin in morgen?
l. ● O, ik vind het wel spannend. En als Ilke ________, wordt het altijd wel gezellig.
m. ▲ Dat is waar. Ik ________ morgen op tijd, maak je maar geen zorgen! Tot morgen!
n. ● Leuk! Ik ________ zo benieuwd! Tot morgen.

Trennbare und untrennbare Verben

Wie im Deutschen können zusammengesetzte Verben trennbar oder untrennbar sein.

REGEL **Trennbare Verben** erkennt man daran, dass die Vorsilbe oder der erste Teil des Wortes betont ist.

aankomen *ankommen*	Ik kom om acht uur aan.	*Ich komme um acht Uhr an.*
afhalen *abholen*	Ik haal je dan op.	*Ich hole dich dann ab.*
ademhalen *atmen*	Ik haal langzaam adem.	*Ich atme langsam.*
plaatsvinden *stattfinden*	Wanneer vindt het plaats?	*Wann findet es statt?*

In der Perfektform (→ Kapitel 31) kommt das Perfektzeichen ge- zwischen Vorsilbe und Stamm:
aankomen *ankommen* → aan**ge**komen *angekommen*, afhalen *abholen* → af**ge**haald *abgeholt*

! Ausnahmen sind z. B. stofzuigen *staubsaugen* oder knipogen *zuzwinkern*:

stofzuigen *staubsaugen*	Ik stofzuig niet graag.	*Ich staubsauge nicht gerne.*
	Heb je al gestofzuigd?	*Hast du schon staubgesaugt?*
knipogen *zuzwinkern*	Kijk, hij knipoogt naar mij.	*Schau, er zwinkert mir zu.*
	Nee, hij heeft naar mij geknipoogd!	*Nein, er hat mir zugezwinkert!*

REGEL Verben mit der Betonung auf dem Stamm sind **untrennbar**. Im Perfekt bekommen sie kein ge-:
herkennen *(wieder)erkennen*

	Hij herkent me niet.	*Er erkennt mich nicht wieder.*
	Heeft hij je echt niet herkend?	*Hat er dich wirklich nicht erkannt?*
ontdekken *entdecken*	Wacht tot hij het ontdekt.	*Warte, bis er es entdeckt.*
	Hij heeft het niet ontdekt.	*Er hat es nicht entdeckt.*

! Es gibt zusammengesetzte Verben, die gleich geschrieben werden, jedoch unterschiedliche Betonung und damit auch unterschiedliche Bedeutung haben, z. B.

voorkomen *vorkommen*	Dat komt niet vaak voor.	*Das kommt nicht oft vor.*
voorkomen *verhindern*	Hoe voorkom je brand?	*Wie verhindert man einen Brand?*

1. Unterstreichen Sie die betonte Silbe. Ist das Verb trennbar oder nicht? Kontrollieren Sie für sich selbst auch das deutsche Verb: wo liegt dort die Betonung und ist das deutsche Verb trennbar?

	trennbar	nicht trennbar
a. opstaan *aufstehen*	☐	☐
b. uitgaan *ausgehen*	☐	☐
c. herinneren *erinnern*	☐	☐
d. verhuizen *umziehen*	☐	☐
e. ontvangen *empfangen*	☐	☐
f. verwoesten *zerstören*	☐	☐
g. nadenken *nachdenken*	☐	☐

2. Bringen Sie Ordnung in die Sätze und ergänzen Sie sie mit der richtigen Verbform.

a. hoe laat / je / morgen / weer/ ? *(weggaan)* Hoe laat ga je morgen weer weg?
b. mijn hond / altijd / *(weglopen)* ____________
c. hij / altijd weer / gelukkig / *(terugkomen)* ____________
d. de hele nacht / ik / *(doorwerken)* ____________
e. in het weekend / ik / altijd / *(uitslapen)* ____________
f. zelf / jij / de keuken / ! *(opruimen)* ____________
g. haar baby / liefdevol /ze *(afdrogen)* ____________

3. Ergänzen Sie die Verben.

Hoi Ines.
Fijn dat je een paar dagen langs wilt komen. Ik (a.) ________ *(ophalen)* je van het station ________ . Zal ik je mijn planning even vertellen? Dit om misverstanden (b.) ________ *(voorkomen)* te ________ . Ik (c.) ________ *(opstaan)* om half acht ________ . (d.) ________ *(uitslapen)* jij maar lekker ________ . Ik douch dan snel, (e.) ________ *(aankleden)* me ________ , (f.) ________ *(opdrinken)* mijn koffie ________ in de hoop dat ik wakker word en dan (g.) ________ *(weggaan)* ik hopelijk heel stilletjes ________ , zodat jij nog (h.) ________ *(doorslapen)* kunt ________ . Ik (i.) ________ *(terugkomen)* ongeveer om drie uur weer ________ . (j.) ________ *(stofzuigen)* jij eigenlijk graag ________ ? Of (k.) ________ *(afwassen)* je graag ________ ? Dat mag allemaal hahahaha! Ik (l.) ________ *(voorstellen)* dat we 's avonds gezellig uitgaan. Misschien (m.) ________ *(overtuigen)* ik je dan nog wel ________ dat je een weekje langer blijft! We hebben nog wel contact! Tot gauw! Liefs Rianne

27 Je hoeft niet mee te komen. Ik kan iets voor je halen.

Du brauchst nicht mitzukommen. Ich kann etwas für dich holen.

Modalverben

Modalverben können je nach Kontext sehr unterschiedliche Bedeutungen haben. Die Übersetzungen in der Tabelle stellen daher nur einen Anhaltspunkt dar.

	kunnen *können*	**moeten** *müssen, sollen*	**mogen** *dürfen*	**willen** *wollen, mögen*	**zullen** *werden*
ik	kan	moet	mag	wil	zal
jij	kan/kunt	moet	mag	wil/wilt	zal/zult
u	kan/kunt	moet	mag	wil/wilt	zal/zult
hij/zij/het	kan	moet	mag	wil	zal
wij	kunnen	moeten	mogen	willen	zullen
jullie	kunnen	moeten	mogen	willen	zullen
zij	kunnen	moeten	mogen	willen	zullen

In der gesprochenen Sprache verwendet man in Verbindung mit jij eher die Formen kan, wil und zal. In Kombination mit u sowie in der Schriftsprache sind die Formen kunt, wilt und zult typisch.

Je kan/kunt ook later komen. *Du kannst auch später kommen.*

Oft werden Modalverben auf Niederländisch ohne weiteres Verb verwendet. Vergleichen Sie:

Mag ik het zout? *Darf ich das Salz **haben**?*

Zullen wird u. a. für etwas Zukünftiges, für Versprechen *(werden)* und für Vorschläge in Form einer Frage *(sollen)* verwendet:

Het concert zal op 31 juli plaatsvinden. *Das Konzert wird am 31. Juli stattfinden.* (Zukunft)
Ik zal dat voor je doen. *Ich werde das für dich tun.* (Versprechen)
Zullen we naar het concert gaan? *Sollen wir zum Konzert gehen?* (Vorschlag)

! ***Sollen*** wird im Deutschen in ganz unterschiedlichen Bedeutungen verwendet. Nur in Zusammenhang mit einem Vorschlag übersetzt man es mit **zullen**.

Moeten *müssen* wird korrekterweise mit niet hoeven te *nicht brauchen* verneint.

Je hoeft niet te komen.
Du brauchst nicht zu kommen.

Je hoeft je geen zorgen te maken.
Du brauchst dir keine Sorgen zu machen.

(niet) hoeven *(nicht) brauchen*
ik hoef (niet)
jij/u hoeft (niet)
hij/zij/het hoeft (niet)
wij/jullie/zij hoeven (niet)

1. Wie lautet die richtige Übersetzung? Kreuzen Sie an.

a. Du sollst vorsichtig fahren.
- ☐ Je moet voorzichtig rijden.
- ☐ Je zult voorzichtig rijden.

b. Sollen wir ins Kino gehen?
- ☐ Moeten we naar de bioscoop?
- ☐ Zullen we naar de bioscoop?

c. Soll ich Birgit fragen?
- ☐ Moet ik Birgit vragen?
- ☐ Zal ik Birgit vragen?

2. Wie lautet die richtige Übersetzung? Kreuzen Sie an.

a. Jij mag autorijden.
- ☐ Du magst Auto fahren.
- ☐ Du darfst Auto fahren.

b. Ik zal er zijn.
- ☐ Ich soll da sein.
- ☐ Ich werde da sein.

c. Het zal gerepareerd worden.
- ☐ Das wird repariert werden.
- ☐ Das soll repariert werden.

3. Ergänzen Sie mit der richtigen Form von kunnen.

a. Mevrouw Velder, ______________ u hier uw naam en adres opschrijven?
b. Je ______________ ook naar huis gaan als je dat liever wilt.
c. Jacob ______________ morgen helaas niet komen.
d. Het spijt me, ik ______________ er ook niets aan doen.
e. ______________ je me even terugbellen als je thuis bent?
f. ______________ u me zeggen hoe laat het is?

4. Ergänzen Sie das passende Modalverb.

a. Tatata, je ______________ niet meer te wachten, ik ben er al! Kom je?
b. Ik kom zo! Ik ______________ alleen nog mijn tas zoeken,
ik ______________ hem nergens vinden.
c. ______________ ik je even helpen met zoeken?
d. Nee, dat ______________ niet, dat doe ik liever zelf.
e. Je ______________ ook een beetje minder slordig worden, iets meer opruimen.
f. Dat ______________ je me niet te zeggen, dat weet ik zelf ook wel.
g. O, kijk, hier is je tas. ______________ we dan nu eindelijk gaan?

5. Übersetzen Sie.

a. Das brauchst du nicht zu tun. ______________
b. Ich möchte gerne 2 Tassen Kaffee haben. ______________
c. Hier darf man 130 km/h fahren. ______________
d. Die Band wird am 10. Mai kommen. ______________
e. Sollen wir etwas trinken gehen? ______________
f. Ich will nach Hause. Willst du auch nach Hause? ______________

28 Wat ben je aan het doen? Ik sta hier al een uur op jou te wachten!

Was machst du gerade? Ich stehe hier und warte bereits seit einer Stunde auf dich!

Verlaufsform

Es gibt zwei Möglichkeiten auf Niederländisch auszudrücken, dass man gerade etwas macht:

REGEL **1. zijn + aan het + Infinitiv**

Wat ben je aan het doen?	*Was machst du gerade?*
Ik ben aan het koken.	*Ich koche gerade.*
Ik ben de hele dag al aan het verven.	*Ich streiche schon den ganzen Tag.*

REGEL **2. zitten *sitzen*, staan *stehen*, liggen *liegen*, lopen *laufen*** – alle + **te** + **Infinitiv**

Welches der Verben man wählt, hängt davon ab, in welcher Position man etwas tut:

Ik zit te schrijven.	*(Ich sitze und schreibe.) → Ich schreibe gerade.*
Ik zit een brief te schrijven.	*Ich schreibe gerade einen Brief.*
Ik sta te wachten.	*(Ich stehe und warte.) → Ich warte gerade.*
Ik sta al een uur te wachten.	*Ich warte schon seit einer Stunde.*
Hij ligt te slapen.	*(Er liegt und schläft). → Er schläft gerade.*
Hij ligt heerlijk te slapen.	*Er schläft gerade so schön.*
Ik loop te bellen.	*(Ich gehe und telefoniere.) → Ich telefoniere gerade.*
Ik loop met Pa te bellen.	*Ich telefoniere gerade mit Pa.*

REGEL Die Verlaufsform gibt es auch in der Vergangenheit. Sie wird folgendermaßen gebildet:
hebben + zitten (oder staan/liggen/lopen) + **Infinitiv**:

Ik heb zitten schrijven.	*Ich habe gerade geschrieben.*
Ik heb liggen slapen.	*Ich habe gerade geschlafen.*

! In der Verlaufsform der Vergangenheit entfällt das te vor dem Infinitiv!

1. Beschreiben Sie, was gerade passiert.

a. mijn dochtertje / liggen / slapen / heerlijk / al een uur / te.
Mijn dochtertje ligt al een uur heerlijk te slapen.

b. lopen / over / mijn nieuwe werk / te / denken / ik.

c. hij / aan het / de woonkamer / schilderen / zijn.

d. staan / in de keuken / koken / Marianne / spaghetti / gister / hebben

e. te / Mario / zijn favoriete muziek / zitten / naar / luisteren

f. op jou / hebben / in de kou / al zo lang / staan / ik / wachten

g. snurken[1] / mijn man / 's nachts / liggen / altijd / vreselijk / te

[1] snurken = schnarchen

2. Beschreiben Sie, was die Leute gerade machen. Benutzen Sie **zijn aan het …**

a. Hij is aan het telefoneren.

b.

c.

d.

a.

b.

c.

d.

3. Beschreiben Sie, was die Leute gerade machen. Benutzen Sie dafür **zitten, liggen, lopen** oder **staan**.

a. luisteren naar de spreker Zij zitten naar de spreker te luisteren.

b. wachten op de taxi

c. boek lezen

d. zijn auto wassen

e. praten met elkaar

a.

b.

c.

d.

e.

29 Gisteren functioneerde alles nog!

Gestern funktionierte alles noch!

Imperfekt: regelmäßige Verben

Man benutzt das Imperfekt, um mehrere aufeinanderfolgende oder sich wiederholende Handlungen in der Vergangenheit zu beschreiben. Dabei gibt es nicht unbedingt einen Bezug zur Gegenwart: Der Zeitpunkt oder der Verlauf stehen mehr im Fokus der Betrachtung als die Auswirkungen (→ Kapitel 34).

Es gibt nur zwei Imperfektendungen: eine für den Singular und eine für den Plural. Je nach der Endung des Verbstamms bildet man das Imperfekt mit **-te(n)** („t-Verben") oder **-de(n)** („d-Verben").

REGEL **Stamm + -te(n)** wenn der Stamm des Verbs auf -s, -f, -t, -k, -ch, oder -p endet.
Damit Sie sich diese Konsonanten merken können, gibt es die Eselbrücke SoFTKeTCHuP.
werken *arbeiten* Stamm: werk → endet auf -k → **t**-Verb, Imperfektendung **-te(n)** → werkte(n)

t-Verben	
ik werkte	wij werkten
jij werkte	jullie werkten
u werkte	zij werkten
hij/zij/het werkte	

! Auch wenn der Stamm schon auf -t endet, wird -te(n) hinzugefügt.
Das Imperfekt schreibt man dann mit Doppel-t.
praten *reden* Stamm: praat → endet auf -t → **t**-Verb, Imperfektendung **-te(n)** → praa**tt**e(n)

REGEL **Stamm + -de(n)**, wenn der Stamm des Verbs auf einen Vokal oder auf einen anderen Konsonanten als -p, -k, -t, -s, -ch oder -f endet.
skiën *Skifahren* Stamm: ski → endet auf -i → **d**-Verb, Imperfektendung **-de(n)** → skiede(n)
halen *holen* Stamm: haal → endet auf -l → **d**-Verb, Imperfektendung **-de(n)** → haalde(n)

d-Verben	
ik haalde	wij haalden
jij haalde	jullie haalden
u haalde	zij haalden
hij/zij/het haalde	

! Auch wenn der Stamm schon auf -d endet, wird -de(n) hinzugefügt.
Das Imperfekt schreibt man dann mit Doppel-d:
landen *landen* Stamm: land → endet auf -d → **d**-Verb, Imperfektendung **-de(n)** → lan**dd**e(n)

1. Kreuzen Sie an, was richtig ist.

a. Stamm endet auf s, f, t, k, ch, p: → Imperfekt = Stamm + ☐ **-de(n)** ☐ **-te(n)**
b. Stamm endet nicht auf s, f, t, k, ch, p: → Imperfekt = Stamm + ☐ **-de(n)** ☐ **-te(n)**

2. Bilden Sie den Stamm. Nennen Sie den letzten Buchstaben und kreuzen Sie an, ob das Imperfekt mit -de(n) oder -te(n) gebildet wird.

	Stamm	**Letzter Buchstabe**		**-de(n)**	**-te(n)**
a. aaien *streicheln*	______	______	→	☐	☐
b. luisteren *(zu)hören*	______	______	→	☐	☐
c. hijgen *hecheln*	______	______	→	☐	☐
d. zich haasten *sich beeilen*	______	______	→	☐	☐
e. tillen *heben*	______	______	→	☐	☐
f. begeleiden *begleiten*	______	______	→	☐	☐
g. zakken *(durch)fallen*	______	______	→	☐	☐

3. Ergänzen Sie den Text mit dem Imperfekt der angegebenen Verben.

Het was zo heet! Anne (a.) ______ *(wandelen)* langzaam en (b.) ______ *(proberen)* uit de zon te blijven. Er (c.) ______ *(waaien)* geen zuchtje wind. Bij de supermarkt aangekomen (d.) ______ *(horen)* ze dat er een kind (e.) ______ *(huilen)*. Of nee, niet echt huilen, meer (f.) ______ *(jammeren)*. Ze (g.) ______ *(haasten)* zich naar de parkeerplaats. Op de parkeerplaats (h.) ______ *(parkeren)* een man zijn auto. Iemand anders (i.) ______ *(inladen)* zijn boodschappen ______ Anne (j.) ______ *(ergeren)* zich dat ze het kind niet kon vinden. Ze bleef staan en (k.) ______ *(luisteren)*. Het kwam uit de richting van die blauwe auto. Nu (l.) ______ *(handelen)* ze snel. Ze (m.) ______ *(controleren)* de auto van binnen en zag … een hond. Bij die hitte! Het beestje (n.) ______ *(hijgen)* vreselijk. Ze (o.) ______ *(pakken)* een steen en (p.) ______ *(maken)* het autoraampje kapot. Ze (q.) ______ *(negeren)* de gedachte dat ze daarmee problemen kon krijgen. Anne (r.) ______ *(tillen)* het hondje uit de auto en gaf het haar water te drinken. Ze (s.) ______ *(hopen)* dat het niet te laat was. Voorzichtig (t.) ______ *(aaien)* ze het hondje. Uit pure dankbaarheid (u.) ______ *(likken)* het haar hand. O jé, daar kwam de eigenaar van hond en auto. Ze (v.) ______ *(inademen)* diep ______ Hij keek boos naar zijn auto. Zijn blik (w.) ______ *(veranderen)* toen hij Anne en zijn hond zag. De man (x.) ______ *(zakken)* door zijn knieën. Een traan (y.) ______ *(stromen)* over zijn wang. Hij (z.) ______ *(pakken)* Annes hand en (ab.) ______ *(bedanken)* haar emotioneel.

Imperfekt: Verben mit *zs*- oder *vf*-Wechsel

Bei den regelmäßigen Verben bestimmt der letzte Buchstabe des Stammes, ob die Imperfektendung -de(n) oder -te(n) lautet: wenn der Stamm auf -s, -f, -t, -k, -ch, oder -p endet, wird -te(n) hinzugefügt, ansonsten lautet die Endung -de(n) (→ Kapitel 29).

Aufpassen muss man allerdings bei den Verben, die im Stamm einen zs- oder vf-Wechsel haben (→ Kapitel 23):

verhuizen	*umziehen*	roher Stamm: verhuiz	-z → -s	→ Stamm: verhuis
leven	*leben*	roher Stamm: leev	-v → -f	→ Stamm: leef

REGEL Obwohl diese Verben durch den zs- und vf-Wechsel einen Stamm mit Endung -s oder -f haben, enden sie im Imperfekt nicht auf -te(n) sondern **-de(n)**:

zs-Wechsel	
ik verhuisde	wij verhuisden
jij verhuisde	jullie verhuisden
u verhuisde	zij verhuisden
hij/zij/het verhuisde	

vf-Wechsel	
ik leefde	wij leefden
jij leefde	jullie leefden
u leefde	zij leefden
hij/zij/het leefde	

1. Wie lautet der Stamm der folgenden Verben?

a. fietsen *radeln* ____________
b. beloven *versprechen* ____________
c. durven *sich trauen* ____________
d. verbazen *staunen* ____________
e. vissen *angeln* ____________
f. niezen *niesen* ____________
g. omhelzen *umarmen* ____________

2. Und wie lautet die Imperfektform dieser Verben?

a. fietsen *radeln* ____________
b. beloven *versprechen* ____________
c. durven *sich trauen* ____________
d. verbazen *staunen* ____________
e. vissen *angeln* ____________
f. niezen *niesen* ____________
g. omhelzen *umarmen* ____________

3. Vergleichen Sie: was war früher anders? Achtung: diese Verben haben im Infinitiv alle ein -v oder -z.

Tegenwoordig	**Vroeger**
a. … durf ik meer dan vroeger.	… ________ ik echt bijna niks.
b. … beloof ik niet meer zo snel iets.	… ________ ik van alles.
c. … hoeven we ons geen zorgen te maken.	… ________ we dat gelukkig ook niet.
d. … verbazen jullie je niet meer over zoiets.	… ________ jullie je steeds weer daarover.
e. … omhels je iemand al heel snel.	… ________ je alleen familie en vrienden.
f. … nies ik bijna niet meer.	… ________ ik echt de hele dag.
g. … leven de meeste mensen in steden.	… ________ ze meer in dorpen.
h. … graast een koe bij mooi weer in de wei.	… ________ koeien minder lang dan nu.

4. Setzen Sie niederländische Verben im Imperfekt ein.

a. Hij ____________ zich over haar boze woorden. *(staunen)*
b. Minke ____________ haar moeder op tijd te komen. *(versprechen)*
c. In 1993 ____________ we naar Duitsland. *(umziehen)*
d. De auteur ____________ het ongeluk en schreef daarover een boek. *(überleben)*
e. Het was een emotioneel weerzien. We ____________ elkaar innig. *(umarmen)*
f. Als kind had ik een allergie en ____________ heel vaak. *(niesen)*

Wählen Sie die richtige Antwort.

Präsens: regelmäßige und unregelmäßige Verben

1. Um den Stamm zu bilden, entfernt man in der Regel … vom Infinitiv.
   a) ☐ -en
   b) ☐ -n

2. Zij doen dat fout. Ik … het goed.
   a) ☐ do
   b) ☐ doe

3. Hoe lang … jij nu al Nederlands?
   a) ☐ leer
   b) ☐ leert

4. Wil je hier zitten? Nee, ik … liever daar.
   a) ☐ zitt
   b) ☐ zit

5. Wij staan op 24. Waar … jij?
   a) ☐ staat
   b) ☐ sta

6. Ik hou van je. Jij … toch ook van mij?
   a) ☐ hout
   b) ☐ houdt

7. Sorry, maar ik … niet van jou.
   a) ☐ houd
   b) ☐ houdt

8. Jij bent toch 25? Of … je 26?
   a) ☐ ben
   b) ☐ bent

9. Jij … nog veel te doen.
   a) ☐ heeft
   b) ☐ hebt

10. U … nog niets besteld.
    a) ☐ heeft
    b) ☐ hebben

11. Wil je ook komen? Nee, ik … niet.
    a) ☐ koom
    b) ☐ kom

12. Het concert …
    a) ☐ vindt plaats.
    b) ☐ plaatsvindt.

13. Hij heeft zijn kamer …
    a) ☐ gestofzuigd.
    b) ☐ stof gezuigd.

14. Columbus heeft Amerika …
    a) ☐ ontdekt
    b) ☐ geontdekt

15. Hij … niet autorijden.
    a) ☐ kunt
    b) ☐ kan

16. Ik mag naar huis. Auf Deutsch:
    a) ☐ Ich will nach Hause.
    b) ☐ Ich darf nach Hause.

17. Du sollst arbeiten. Auf Niederländisch:
    a) ☐ Jij moet werken.
    b) ☐ Jij zult werken.

18. Ik … op tijd zijn.
    a) ☐ zal
    b) ☐ zul

Verlaufsform

19. Wat ben je … doen?
    a) ☐ aan het
    b) ☐ aan

20. Ik lees nu een krant =
    a) ☐ Ik zit een krant te lezen.
    b) ☐ Ik zit en lees een krant.

21. Ik heb …
   a) ☐ een brief zitten te schrijven.
   b) ☐ een brief zitten schrijven.

22. Wat doe je?
   a) ☐ Ik ben mijn fiets aan het repareren.
   b) ☐ Ik heb mijn fiets gerepareerd

Imperfekt

23. Ze … dat het goed ging.
   a) ☐ hoopte
   b) ☐ hopte

24. De mensen … gister op de bus.
   a) ☐ wachten
   b) ☐ wachtten

25. Ze … of ze alles had ingepakt.
   a) ☐ controleerde
   b) ☐ controleerte

26. De moeder …: „Nee!".
   a) ☐ antwoordde
   b) ☐ antwoorde

27. Ik … al toen ik drie jaar was.
   a) ☐ skiede
   b) ☐ skiete

28. Durven jullie in de achtbaan?
   a) ☐ Nee, maar als kind durfte ik dat.
   b) ☐ Nee, maar als kind durfde ik dat.

29. Hij … zich over zoveel rijkdom.
   a) ☐ verbaaste
   b) ☐ verbaasde

30. Gelukkig … het kind het ongeluk.
   a) ☐ overleefte
   b) ☐ overleefde

Vergleichen Sie nun Ihre Antworten mit den Lösungen auf Seite 125. Dieser Tabelle können Sie entnehmen, auf welches Kapitel sich jede Aufgabe bezieht. Wenn Sie eine Aufgabe nicht richtig gelöst haben, können Sie das entsprechende Kapitel wiederholen.

Aufgabe	Kapitel	Aufgabe	Kapitel	Aufgabe	Kapitel	Aufgabe	Kapitel	Aufgabe	Kapitel
1	23	7	24	13	26	19	28	25	29
2	23	8	25	14	26	20	28	26	29
3	24	9	25	15	27	21	28	27	29
4	24	10	25	16	27	22	28	28	30
5	24	11	25	17	27	23	29	29	30
6	24	12	26	18	27	24	29	30	30

31 Nee, echt, niemand heeft iets gehoord!

Nein, wirklich, niemand hat etwas gehört!

Perfekt: regelmäßige Verben

Im Perfekt berichtet man über Handlungen und Ereignisse, die in der Vergangenheit stattgefunden haben und für die Gegenwart relevant sind. Die Einschätzung der Relevanz trifft der Sprecher. Zur unterschiedlichen Verwendung von Imperfekt oder Perfekt → Kapitel 34.

Das Perfekt wird wie im Deutschen mit einer Form des Verbes zijn *sein* oder hebben *haben* (→ Kapitel 25) und dem Partizip Perfekt gebildet.

Wie bei der Bildung des Imperfekts (→ Kapitel 29) unterscheidet man bei der Bildung des Partizip Perfekt zwischen t-Verben und d-Verben:

REGEL 1. **ge + STAMM + t**, wenn der Stamm auf s, f, t, k, ch oder p endet (Eselsbrücke SoFTKeCHuP):

maken *machen, tun* — Stamm: maak, endet auf: k → gemaakt

Ik heb helaas mijn huiswerk niet gemaakt. *Ich habe leider meine Hausaufgaben nicht gemacht.*

REGEL 2. **ge + STAMM + d**, wenn der Stamm nicht auf s, f, t, k, ch oder p endet:

halen *holen* — Stamm: haal, endet auf l → gehaald

Heb je eigenlijk je fiets al gehaald? *Hast du eigentlich schon dein Fahrrad geholt?*

! Endet der Stamm des Verbes bereits auf -d oder -t, wird kein weiteres -t oder -d hinzugefügt, denn im Niederländischen gibt es keine Doppelkonsonanten am Ende des Wortes:

antwoorden *antworten* — Stamm: antwoord, endet auf d → heb geantwoord

rusten *ruhen* — Stamm: rust, endet auf t → heb gerust

! Verben, die mit den Präfixen be-, er-, ge-, her-, ont- und ver- anfangen, bekommen kein ge- im Partizip Perfekt. Auch hier ist das Deutsche ähnlich, z. B. *holen* → *geholt*, aber: *bezahlen* → *bezahlt.*

betalen *bezahlen* — Stamm: betaal, endet auf l → heb betaald

ontdekken *entdecken* — Stamm: ontdek, endet auf k → heb ontdekt

Ob ein Partizip Perfekt mit zijn *sein* oder hebben *haben* gebildet wird, ist meistens ähnlich wie im Deutschen: Ik heb betaald *Ich habe bezahlt*, Ik ben gegroeid *Ich bin gewachsen.*

Ein paar Ausnahmen gibt es leider doch. Diese finden Sie im → Kapitel 32.

1. Kreuzen Sie die richtige Form an.

a. Ik heb de hele avond naar de radio …
- geluisterd
- geluistert

b. De studenten hebben vandaag …
- gedemonstreert
- gedemonstreerd

c. Hij heeft Franse woordjes …
- geleerd
- gelerd

d. Ik heb me heel snel …
- geaankleed
- aangekleed

e. Waar was je? Ik heb zo lang op je …
- gewachtet
- gewacht

f. Ze heeft haar benen …
- geonthaard
- onthaard

g. Mijn zoon heeft een boompje in de tuin
- geplant
- gepland

h. Wat heb je een heerlijke taart …
- gemaakt
- gemakt

2. Ergänzen Sie die Verben im Perfekt und bringen Sie die Sätze in die richtige Reihenfolge.

a. Daarna heb ik eerst ____________ *(douchen)*.
b. Ik ben in recordtijd naar de bus ____________ *(rennen)*.
c. Mijn wekker heeft me vandaag vroeg ____________ *(wekken)*.
d. Geen ontbijtje ____________ *(maken)*, daar had ik geen tijd meer voor.
e. Helaas, ik was te laat en heb de bus natuurlijk ____________ *(missen)*.
f. Ik heb me ____________ *(afdrogen)* en mijn haar ____________ *(kammen)*.

3. Bilden Sie aus den Elementen in den Klammern Sätze im Perfekt.

a. **Betaal** jij deze rekening? (Nee /gister al / een andere rekening)
Nee, ik heb gister al een andere rekening betaald.
b. Ik **stuur** Lina morgen die mail. (Ik / al / haar / vanmorgen / een mail)
Nee, dat hoeft niet. ____________
c. Wanneer **leveren** ze het pakketje eigenlijk? (Ze / het / een half uur geleden)
O, dat heb ik je niet gezegd, sorry. ____________
d. Ik moet je iets **vertellen.** Ken je dat verhaal over Marnix? (Ja / dat / je / al zo vaak)
____
e. Daar is iets! **Hoor** je dat? (Nee / ik / helemaal niets) ____________
f. Ik moet mijn moeder even **bellen.** (Ik / haar / al zolang / niet meer)
____

32 We hebben minstens zes uur gelopen.

Wir sind mindestens sechs Stunden gelaufen.

Perfekt: mit *zijn* oder *hebben*?

Das Perfekt wird mit den Hilfsverben hebben *haben* bzw. zijn *sein* und der Partizipform gebildet. Die meisten Verben kombiniert man mit hebben, insgesamt ist die Verwendung der Hilfsverben ähnlich wie im Deutschen. Es gibt jedoch ein paar Besonderheiten.

REGEL Bei diesen Verben wird ein anderes Hilfsverb verwendet als im Deutschen:

beginnen – ik ben begonnen	*beginnen – ich habe begonnen*
Ik ben gister met een nieuw dieet begonnen.	*Ich habe gestern mit einer neuen Diät begonnen.*
ophouden – ik ben opgehouden	*aufhören – ich habe aufgehört*
Ik ben er vanmorgen weer mee opgehouden.	*Ich habe heute in der Früh wieder damit aufgehört.*
vergeten – ik ben vergeten	*vergessen – ich habe vergessen*
Ik ben vergeten Froukje te bellen.	*Ich habe vergessen, Froukje anzurufen.*

! Tipp: Verwenden Sie das Verb vergeten am besten mit zijn – das ist immer korrekt. In seltenen Fällen können Sie allerdings auch die Perfektform mit hebben hören.

REGEL Bei Verben der Bewegung kann das Perfekt mit zijn oder hebben konstruiert werden, je nachdem, ob die Richtung oder die Handlung/Dauer im Fokus steht. Zum Beispiel:

fietsen		
Ik ben naar Delft gefietst.	*Ich bin nach Delft geradelt.*	Richtung
Ik heb een uur gefietst.	*Ich bin eine Stunde lang geradelt.*	Handlung/Dauer
zwemmen		
Ik ben naar het eiland gezwommen.	*Ich bin zur Insel geschwommen.*	Richtung
Ik heb 10 minuten gezwommen.	*Ich bin 10 Minuten geschwommen.*	Handlung/Dauer

1. Kreuzen Sie die richtige Form an.

a. Ik … mijn PIN vergeten.
- ben
- heb

b. Ik … een uurtje gefietst.
- ben
- heb

c. Hij … naar Barcelona gevlogen.
- is
- heeft

d. Ik … met de cursus opgehouden.
- ben
- heb

e. Ik … naar de supermarkt gelopen.
- ben
- heb

f. Het vliegtuig … een uur boven Parijs gevlogen.
- is
- heeft

g. Ze … uren met de hond door het bos gelopen.
- is
- heeft

h. Ik … met een nieuw boek begonnen.
- ben
- heb

2. Bilden Sie Sätze und verwenden Sie dabei die Perfektform.

a. Hij / iedere avond / joggen. *Hij heeft iedere avond gejogd.*
b. Janneke / een uur / schaatsen / op de gracht. ______
c. Rennen / Pieter / door het bos / een kwartier. ______
d. Stef / snel / rennen / naar huis. ______
e. Opa / heerlijk / door het stadspark / wandelen. ______
f. We / naar de ijszaak / met de kinderen / wandelen. ______
g. Ik / naar de top van de berg / klimmen. ______
h. Hij / naar de dokter / strompelen. ______
i. Ik / met veel moeite / de trap op / lopen. ______
j. Ik / verward / de hele dag / door de stad / lopen. ______

3. Übersetzen Sie.

a. Ich bin nach Hause gelaufen. ______
b. Sie ist eine Stunde Rad gefahren. ______
c. Wann hast du angefangen? ______
d. Bist du zum Bäcker gelaufen? ______
e. Ich bin eine Stunde gejoggt. ______
f. Ich bin leider nicht geschwommen. ______
g. Hast du mit Sport aufgehört? ______

33 Wat heb je gisteravond gedaan? – Ik ben met Max naar het theater geweest.

Was hast du gestern Abend gemacht? – Ich bin mit Max im Theater gewesen.

Perfekt & Imperfekt: unregelmäßige Verben

Im Niederländischen gibt es, wie im Deutschen auch, eine ganze Anzahl an Verben, die im Imperfekt und Perfekt ihren Stamm verändern. Leider gibt es für diese Stammveränderungen keine Regeln – man muss sie auswendig lernen. Eine Liste der unregelmäßigen Verben finden Sie ab Seite 130.

REGEL Im Imperfekt bleibt der Singular der unregelmäßigen Verben ohne Endung. Im Plural erhalten diese Verben die Endung **-en**, z. B. gaan *gehen*, Imperfekt-Stamm: ging.

ik ging	wij gingen
jij ging	jullie gingen
u ging	zij gingen
hij/zij/het ging	

! Bei einigen unregelmäßigen Verben lassen sich Gemeinsamkeiten in den Stammformen feststellen. So wird z. B. das **-ij-** aus dem Präsensstamm in den Vergangenheitszeiten zu **-ee-** bzw. **-e-**:

Infinitiv	Imperfekt Singular / Plural	Perfekt
begrijpen *verstehen, begreifen*	begreep/begrepen	heb begrepen
blijven *bleiben*	bleef/bleven	ben gebleven
schrijven *schreiben*	schreef/schreven	heb geschreven

Hier die Vergangenheitsformen von hebben, zijn und einigen Modalverben:

Infinitiv	Imperfekt Singular/Plural	Perfekt
hebben *haben*	had/hadden	heb gehad
zijn *zijn*	was/waren	ben geweest
kunnen *können*	kon/konden	heb gekund
moeten *müssen, sollen*	moest/moesten	heb gemoeten
mogen *dürfen*	mocht/mochten	heb gemogen
willen *wollen, mögen*	wilde/wilden (wou/wouden)	heb gewild
zullen *werden, sollen*	zou/zouden	heb gezuld

! Wou bzw. wouden wird nur in der Umgangssprache verwendet:
Ik **wou** dat net zeggen. *Ich wollte das gerade sagen.*

1. Ergänzen Sie die Sätze mit dem Imperfekt und verbinden Sie: Wer ist gemeint?

a. Hij ____________________ *(hebben)* een droom.
b. Hij ____________________ *(zeggen)* dat hij een Berlijner ____________________ *(zijn)*.
c. Zij ____________________ *(zijn)* de eerste mensen in mijn leven.
d. Hij ____________________ *(moeten)* in ballingschap op het eiland Elba leven.

1. Kennedy
2. Napoleon
3. Mijn ouders
4. Martin Luther King

2. Übersetzen Sie.

a. Ich habe gestern 50 Euro gefunden. ____________________
b. Hast du gut geschlafen? ____________________
c. Bist du nach Hause gegangen? ____________________
d. Hast du das Buch schon gelesen? ____________________
e. Was hast du gesagt? ____________________
f. Was hast du am Wochenende gemacht? ____________________

3. Scheiben Sie in der Perfektform, was Elly gestern gemacht hat.

ZATERDAG 4 JULI.

9.00 uur: hond van H. uitlaten ____________________
10.00 uur: ontbijten met Petra ____________________
14.00 uur: over vakantie spreken met Eef ____________________
____
19.00 uur: eten bij Marco ____________________

4. Ergänzen Sie die fehlende Imperfektform.

a. We ____________________ een leuke leraar, hij heette Simon *(hebben)*
b. Ik ____________________ mijn huiswerk eigenlijk nooit. *(doen)*
c. Dat ____________________ hij gelukkig niet zo erg. *(vinden)*
d. Vaak ____________________ ik 's avonds nog heel lang in bed. *(lezen)*
e. Ik ____________________ dus niet zoveel. *(slapen)*
f. Logisch dus dat ik de volgende dag doodmoe ____________________. *(zijn)*
g. Soms ____________________ ik op school in slaap. *(vallen)*

34 Toen ik hem vroeg of hij mijn muis wilde zien …
Als ich ihn fragte, ob er meine Maus sehen wollte …

Perfekt & Imperfekt: Gebrauch

Die Niederländer selbst unterscheiden kaum zwischen Perfekt und Imperfekt. In vielen Fällen können beide Zeiten verwendet werden. Wie im Deutschen wird das Perfekt in der gesprochenen Sprache häufiger verwendet.

Obwohl die Zeiten nicht streng gehandhabt werden, gibt es einige Regeln.

REGEL Man verwendet das **Imperfekt** …

- wenn es keinen direkten Bezug zur Gegenwart gibt.
  Tot 1980 was Juliana koningin van Nederland. — *Bis 1980 war Juliana Königin der Niederlande.*
- wenn toen *als* verwendet wird.
  Toen ik klein was, ging ik vaak naar mijn oma. — *Als ich klein war, ging ich oft zu meiner Oma.*
- um zu beschreiben, was während eines vergangenen Ereignisses passiert ist.
  In de oorlog aten mensen ook tulpenbollen. — *Im Krieg aßen Leute auch Tulpenzwiebel.*

REGEL Wenn ein Ereignis einen Bezug zur Gegenwart hat, verwendet man das **Perfekt**.

Ik ben nog nooit in Praag geweest. — *Ich bin noch nie in Prag gewesen.*
Hij is vandaag twee keer langs geweest. — *Er hat heute zweimal vorbeigeschaut.*

REGEL Das **Perfekt** stellt ein Ereignis in einen zeitlichen Rahmen. Für alle Handlungen, die darauf folgen, wird das **Imperfekt** verwendet.

Het Nederlandse elftal **heeft** op woensdag tegen Mexico met 2-3 **verloren**. Robben **was** kwaad omdat er zoveel fout ging. — *Die Niederländische Fußballmannschaft hat am Mittwoch gegen Mexico mit 2-3 verloren. Robben war sauer, weil so viel schiefging.*

! Die Niederländer verwenden, im Gegensatz zu den Deutschen, die Imperfektform des Verbes weten *wissen* viel öfter als die Perfektform.
Sorry, dat wist ik niet. — *Entschuldigung, das habe ich nicht gewusst.*

1. Setzen Sie die richtige Verbform ein.

bezocht zwaaide bekeek kwam was heeft bezocht was

Koningsdag in Dordrecht
De Koning (a.) ______________________ met zijn familie op Kongingsdag de gemeente Dordrecht (b.) ____________________. Het Koningspaar (c.) ____________________ met de boot naar Dordrecht. Het paar (d.) ____________________________ een botenshow met vijftig schepen. Vervolgens (e.) ____________________ de koninklijke familie de Grote Kerk, het Scheffersplein en Het Hof. Het publiek (f.) ____________________ laaiend enthousiast en (g.) ________________________ vrolijk met vlaggetjes naar de Koning. Prinses Beatrix (h.) ________________________ dit jaar niet bij de feestelijkheden aanwezig.

2. Wählen Sie die richtige Verbform.

a. Paul _______________ vandaag al drie keer _______________ . *(bellen)*
b. Mandela _______________ van 1918 tot 2013 _______________ . *(leven)*
c. Ik _____________ verse spinazie voor vanavond _______________ . *(kopen)*
d. Je ex-vriendje _____________ hier gisteren van 13.00 tot 14.00 uur _______________ . *(zijn)*
e. Deze jurk _______________ ik nog nooit _______________ . *(dragen)*
f. Toen hij plotseling _______________ , schrok ik zo! *(binnenkomen)*

3. Schreiben Sie den folgenden Artikel um und verwenden Sie dabei die Vergangenheit.

Oranje hockeyteam naar de halve finale
Don 3 juli 20:00 uur
Het Nederlandse hockeyteam bereikt in de wedstrijd tegen Australië de halve finale. De Nederlandse vrouwen zijn te sterk voor hun dapper vechtende Australische tegenspeelsters. Al snel scoort Dirkse-Van den Heuvel het eerste punt. Lynch is kansloos. Binnen de minuut zorgt Paumen voor de 2-0. Een fout van de Australische Dwyer maakt het Zerbo mogelijk het derde punt te scoren. Slattery grijpt haar kans en maakt het enige doelpunt voor Australië. Maar Welten laat het niet op zich zitten en scoort de 4-1. Ook het vijfde doelpunt kan de Australische keepster niet houden. Een fantastische wedstrijd.

____

____

____

____

____

____

____

35 Ik had je toch gezegd dat je een folder moest aanvragen.

Ich hatte dir doch gesagt, dass du nach einem Prospekt fragen musst.

Plusquamperfekt

Mit dem Plusquamperfekt beschreibt man etwas, das vor einem bestimmten Ereignis in der Vergangenheit stattgefunden hat:

Omdat ik de kaartjes online had besteld, konden we direct bij het museum naar binnen.
Weil ich die Tickets online bestellt hatte, konnten wir beim Museum direkt reingehen.
Ik was vergeten mijn mobieltje op te laden, daarom kon ik je niet bellen.
Ich hatte vergessen mein Handy aufzuladen, deswegen konnte ich dich nicht anrufen.

REGEL Das **Plusquamperfekt** wird (wie im Deutschen) mit den **Imperfektformen** der Hilfsverben **zijn** *sein* oder **hebben** *haben* (→ Kapitel 25) und dem **Partizip Perfekt** gebildet.

vallen *fallen*	
ik was gevallen	wij waren gevallen
jij was gevallen	jullie waren gevallen
u was gevallen	zij waren gevallen
hij/zij/het was gevallen	

Ik lag daar echt niet erg elegant op de grond toen ik was gevallen.
Ich lag dort wirklich nicht sehr elegant am Boden, nachdem ich gefallen war.

maken *machen*	
ik had gemaakt	wij hadden gemaakt
jij had gemaakt	jullie hadden gemaakt
u had gemaakt	zij hadden gemaakt
hij/zij/het had gemaakt	

Toen ik de antwoorden controleerde, zag ik dat ik bijna geen fouten had gemaakt.
Als ich die Antworten kontrollierte, sah ich, dass ich kaum Fehler gemacht hatte.

1. Vervollständigen Sie die Tabelle mit den richtigen Verbformen.

Grundform	Präsens	Imperfekt	Perfekt	Plusquamperfekt
a. hebben	ik heb	ik had	ik heb gehad	ik ______
b. zijn	ik ______	ik ______	ik ______	ik ______
c. wonen	ik ______	ik ______	ik ______	ik ______
d. vergeten	ik ______	ik ______	ik ben ______	ik ______
e. doen	ik ______	ik ______	ik ______	ik ______
f. beginnen	ik ______	ik ______	ik ______	ik was ______
g. gaan	ik ______	ik ______	ik ______	ik ______

2. Verbinden Sie die Satzteile.

a. Hij had zo'n honger
b. Ik kon je niet bereiken
c. We waren de tijd vergeten
d. Ze kreeg een complimentje
e. Ik had mijn sleutel verloren
f. Ik had maandenlang niets gedaan
g. Ze had een SMS van Pascal gekregen

1. daarom straalde ze zo.
2. en kwamen veel te laat.
3. omdat hij niets gegeten had.
4. omdat ze zo mooi gezongen had.
5. daarom kon ik niet naar binnen.
6. omdat ik mijn telefoon vergeten was.
7. en daarom moest ik alles in een keer doen.

3. Ergänzen Sie die richtige Plusquamperfektform. Wer ist gemeint?
Schreiben Sie die passende Nummer dazu.

1. Sinterklaas 2. Doornroosje 3. Sneeuwwitje 4. Hans

a. Nadat ze 100 jaar ______________, kuste een prins haar wakker. *(slapen)*
b. Ze ________ voor de gemene koningin en woonde toen bij de zeven dwergen. *(vluchten)*
c. Hij ___ de cadeautjes _______, stapte in de stoomboot en voer naar Nederland. *(inpakken)*
d. Hij ___ samen met Grietje broodkruimels ______, maar kon de weg niet vinden *(strooien)*.

4. Bilden Sie Sätze in der Vergangenheit.

a. Ik / begrijpen / de oefening / pas / nadat / mijn vriend / alles / uitleggen

____

b. Moeder / geven / hem / een beloning / nadat / hij / zijn kamer / opruimen.

____

c. Toen / ik / douchen / voelen / ik / me / een ander mens.

____

36 Jullie zullen trouwen, zullen kinderen krijgen …

Ihr werdet heiraten, ihr werdet Kinder haben …

Futur I & Futur II

Es gibt drei verschiedene Möglichkeiten, Zukünftiges auszudrücken:

REGEL 1. **Präsens + Zeitangabe**

Morgen bezoek ik mijn broer.	*Morgen besuche ich meinen Bruder.*
In augustus verhuis ik naar Bilthoven.	*Im August ziehe ich nach Bilthoven um.*

REGEL 2. **gaan** + Infinitiv wird oft für die nahe Zukunft verwendet.

In het weekend gaan we verhuizen.	*Am Wochenende ziehen wir um.*
Ik ga vanmiddag een cadeautje kopen.	*Ich gehe heute Nachmittag ein Geschenk kaufen.*

In der gesprochenen Sprache treten vor allem diese beiden Möglichkeiten auf. Geht es darum, eine Absicht oder einen Plan deutlich zu machen, gibt es eine Tendenz zur Verwendung von gaan *gehen*.

REGEL 3. **zullen** + Infinitiv

Ik zal hem vragen.	*Ich werde ihn fragen.*
Ik zal je met je verhuizing helpen.	*Ich werde dir mit deinem Umzug helfen.*

Die Konstruktion mit zullen *sollen*, *werden* kann nahelegen, dass ein Vorschlag oder ein Versprechen im Fokus stehen soll. In Kombination mit wel *wohl*, *schon* wird sie auch verwendet, um eine Vermutung auszudrücken:

Hij zal het wel weten.	*Er wird es schon wissen.*

REGEL Mit dem **Futur II** drückt man aus, dass eine Handlung in der Zukunft abgeschlossen sein wird. Es wird auch verwendet, um eine Vermutung über etwas Abgeschlossenes zu äußern. Man bildet es mit der Präsensform von **zullen** + **Partizip Perfekt** des Hauptverbs + **hebben / zijn**:

Ze zal het toch niet vergeten zijn?	*Sie wird es doch nicht vergessen haben?*
Zoals u wel gemerkt zult hebben …	*Wie Sie sicherlich schon bemerkt haben werden, …*

Wie im Deutschen wird statt des Futur II oft das Perfekt verwendet:

Morgen om 17 uur zal ze het gedaan hebben.	*Morgen um 17 Uhr wird sie es getan haben.*
Morgen om 17 uur heeft ze het gedaan.	*Morgen um 17 Uhr hat sie es getan.*

1. Ergänzen Sie mit zullen oder gaan.

a. Hij is er nog niet? Hij ____________ wel in de file staan om deze tijd.
b. Ik ____________ vanavond lekker lang in een warm bad zitten.
c. Het museum ____________ op 8 mei geopend worden.
d. Oeps vergeten! Ik ____________ je het nu meteen opsturen. Beloofd!
e. Ik ____________ morgen in de tuin werken, dus sorry, dan heb ik geen tijd.

2. Schreiben Sie auf, was Hilde nächste Woche macht.

Zondag	Maandag	Dinsdag	Woensdag	Donderdag	Vrijdag	Zaterdag
	9.00– 16.00 kantoor 19.00 bioscoop met Simon	10.00 tandarts 20.00 verjaardagsfeest van Lika		09.00 tennisles 13.00–17.00 kantoor	10.00 koffiedrinken met Mam 13.00–17.00 kantoor	naar het strand met Naomi

a *Op maandag werkt Hilde van 9 tot 16 uur en om 19 uur gaat ze met Simon naar de bioscoop.*
b. Op dinsdag ____________
c. Op donderdag ____________
d. Op vrijdag ____________
e. Op zaterdag ____________

3. Bilden Sie Sätze mit dem Futur II.

a. Er *(zullen)* toch geen files *(zijn)*. *Er zullen toch geen files zijn geweest.*
b. Zij *(zullen)* wel *(denken)* dat iedereen dat zo doet.

____

c. Dat werk *(zullen)* we volgende week precies op tijd *(doen)*.

____

d. Hij *(zullen)* zijn fiets wel ergens anders *(neerzetten)*.

____

4. Übersetzen Sie.

a. Sie werden es wohl gesehen haben: Wir haben viele neue Produkte.

____

b. Ja, Mama, ich räume mein Zimmer auf, wenn ich Zeit habe.

____

c. Was machst du morgen eigentlich?

____

Imperativ

Im Niederländischen wird nicht unterschieden, ob eine Aufforderung sich an eine oder mehrere Personen richtet:
Luister naar mij! *Hör mir zu! / Hört mir zu!*

Allerdings wird zwischen Duzen und Siezen unterschieden:
Luister naar mij! *Hör mir zu! / Hört mir zu!*
Luistert u naar mij! *Hören Sie mir zu!*
(Sie = eine Person oder mehrere Personen)

REGEL Für den informellen Imperativ („Du / Ihr“) verwendet man das Verb in der **1. Person Singular** (ik-Form):
Ruim eindelijk je rommel op. *Räum endlich deinen Kram auf.*

REGEL Für den formelleren Imperativ („Sie“) verwendet man das Verb in der **2. Person Singular** (u-Form) + **u**.
Bestelt u nu de aanbieding. *Bestellen Sie jetzt das Angebot.*

! Der Imperativ von zijn *sein* ist unregelmäßig:
Wees aardig! *Sei/Seid lieb!* Weest u gerustgesteld! *Seien Sie beruhigt!*

! In unpersönlichen Texten, wie z. B. Gebrauchsanweisungen oder Werbung, setzt sich die informelle Form des Imperativs immer mehr durch, auch wenn der Leser ansonsten gesiezt wird. Im persönlichen Kontakt wirkt das jedoch unhöflich, hier sollte man unbedingt die **u**-Form verwenden.

Lees de folder en u ziet hoe mooi ons hotel is. *Lesen Sie den Prospekt, und Sie sehen, wie schön unser Hotel ist.*
Meneer Been, **geeft u** a.u.b. nog uw sleutel. *Herr Been, geben Sie mir bitte noch Ihren Schlüssel.*

REGEL Der Imperativ lässt sich durch Wörter wie eens *einmal*, even *kurz*, maar *mal* oder toch *doch* abschwächen oder – je nach Kontext und Intonation – auch verstärken.
Vraag haar toch! *Frag sie doch!* Ga nou maar naar huis! *Geh jetzt mal nach Hause!*
Kom eens langs! *Komm mal vorbei!* Denk nou toch even na! *Denk doch mal nach!*

REGEL Statt mit der Imperativform kann man Aufforderungen auch mit dem Infinitiv ausdrücken:
Doorlopen a.u.b.! *Weitergehen bitte!* Ophouden nu! *Aufhören jetzt!*

1. Hier sehen Sie eine Anreise-Beschreibung. Ergänzen Sie sie mit dem Imperativ in Sie-Form.

KOMT U MET DE AUTO?

a. ______________________ dan gebruik van het Park & Ride Systeem. *(maken)*
b. ______________________ naar de parkeergarage Westraven. *(gaan)*
c. ______________________ daar uw auto. *(parkeren)*
d. ______________________ naar de uitgang van de parkeergarage. *(gaan)*
e. ______________________ de borden richting de sneltram. *(volgen)*
f. ______________________ op de sneltram richting Utrecht. *(stappen)*
g. ______________________ tot de halte Graad Van Roggenweg. *(rijden)*
h. ______________________ daar uit. *(stappen)*
i. ______________________ in rijrichting nog ca. 300 meter. *(lopen)*
j. ______________________ rekening met vertraging door wegwerkzaamheden in het centrum. *(houden)*

2. Schreiben Sie eine Gebrauchsanweisung für einen Getränkeautomaten.

a. Je moet eerst een muntje in het apparaat gooien.
Gooi het muntje in het apparaat.
b. Dan moet je op het knopje „thee“ of „koffie“ drukken.
____
c. Uit het vak moet je een bekertje pakken.
____
d. Dat bekertje moet je onder in het apparaat zetten.
____
e. Dan druk je op de startknop.
____
f. Je moet voorzichtig zijn: het drankje is heet!
____

3. Ergänzen Sie die passende Imperativ-Form und verbinden Sie die Sätze.

komen | gaan | breng | zoeken | wassen

a. ____________ naar de dokter
b. ____________ op internet
c. ____________ u even met mij mee
d. ____________ de boeken op tijd terug
e. ____________ je haar nou toch eens,

1. het ziet er zo vet uit.
2. naar meer informatie.
3. anders moet je betalen.
4. als je zo lang ziek bent.
5. dan laat ik u zien waar u naartoe moet.

38 Je zou ook een vakman kunnen bellen!

Du könntest auch einen Fachmann anrufen!

Konditional

Der Konditional ist ein Modus, mit dem man etwas ausdrückt, was nicht real, sondern nur vermutet, gewünscht oder möglich ist. In seinen Verwendungen entspricht er somit weitgehend dem deutschen Konjunktiv.

REGEL Den Konditional bildet man mit dem **Imperfekt** von **zullen** + **Infinitiv** des jeweiligen Verbs, z. B.:

Als het zou regenen … *Wenn es regnen würde …* Ik zou dat doen. *Ich würde das tun.*

Im Deutschen ist heute meist der Konjunktiv mit *würde* gebräuchlich. Doch vor allem bei Modalverben gibt es noch echte Konjunktivformen. Im Niederländischen nimmt man immer **zou**:

ik zou zijn *ich wäre* ik zou mogen *ich dürfte* ik zou hebben *ich hätte*
ik zou kunnen *ich könnte* ik zou moeten *ich müsste, ich sollte* ik zou willen *ich möchte*

Man verwendet den Konditional zum Ausdruck von:

- **Wünschen**
  Ik zou graag naar huis willen gaan. *Ich möchte gern nach Hause gehen.*
- **Vermutungen**
  Zou het aan mijn levenswijze liggen? *Sollte es an meiner Lebensweise liegen?*
- **Vorschlägen**
  We zouden naar de bioscoop kunnen gaan. *Wir könnten ins Kino gehen.*
- **Höflichkeit**
  Zou u met mij mee kunnen komen? *Könnten Sie mit mir kommen?*
- **Bedingungen**
  Als ik veel geld zou hebben, zou ik een huis kopen. *Wenn ich viel Geld hätte, würde ich ein Haus kaufen.*

! Für Bedingungssätze kann man neben dem Konditional auch das Imperfekt verwenden. Daher gibt es bis zu vier Übersetzungsmöglichkeiten für einen deutschen Satz:

Wenn ich viel Geld hätte, würde ich ein Haus kaufen. → oder / oder / oder / oder

Konditional + Konditional	Als ik veel geld zou hebben, zou ik een huis kopen.
Imperfekt + Imperfekt	Als ik veel geld had, kocht ik een huis.
Konditional + Imperfekt	Als ik veel geld zou hebben, kocht ik een huis.
Imperfekt + Konditional	Als ik veel geld had, zou ik een huis kopen.

1. Verbinden Sie die Satzteile.

a. Als ik vaak ziek zou zijn
b. Als ik sportiever zou zijn
c. Als ik honger zou hebben
d. Als ik een tuin zou hebben
e. Als ik een miljoen zou winnen
f. Als ik vroeger naar bed zou gaan

1. zou ik vast ook iets slanker zijn.
2. zou ik in dat restaurant iets gaan eten.
3. zou ik direct stoppen met werken.
4. zou ik de volgende dag veel fitter zijn.
5. zou ik naar de dokter gaan.
6. zou ik daar ook goed voor moeten zorgen.

2. Verwenden Sie für die zusammengefügten Sätze aus Übung 1 die Imperfektform.

a. Als ik vaak ziek was, ______
b. Als ik sportiever was, ______
c. Als ik honger had, ______
d. Als ik een tuin had, ______
e. Als ik een miljoen won, ______
f. Als ik vroeger naar bed ging, ______

3. Formulieren Sie Wünsche mit dem Konditional.

a. Zij wil graag een nieuwe telefoon hebben.
Zij zou graag een nieuwe telefoon willen hebben.
b. Hij wil dit weekend graag gaan zeilen.
______
c. Ik wil graag een betere conditie hebben.
______
d. Ik wil je graag zien.
______

4. Übersetzen Sie.

a. Ich wäre direkt gekommen. ______
b. Könnten Sie bitte hier unterschreiben? ______
c. Es wäre so einfach gewesen. ______
d. Möchten Sie es noch einmal hören? ______
e. Wenn ich es wüsste, würde ich es sagen. ______
f. Es könnte morgen heiß werden. ______
g. Du solltest besser zu Hause bleiben. ______

39 Nee, we zijn niet uitgenodigd …

Nein, wir sind nicht eingeladen …

Passiv

Das Passiv wird vor allem dann verwendet, wenn Vorgänge – und nicht Handelnde – im Mittelpunkt einer Aussage stehen.

REGEL Das Passiv wird im Präsens und Imperfekt mit der entsprechenden Form von worden *werden* und dem Partizip Perfekt des Hauptverbs gebildet.

- **Präsens:** Präsens von worden + Partizip Perfekt
  De auto wordt gerepareerd. *Das Auto wird repariert.*
- **Imperfekt:** Imperfekt von worden + Partizip Perfekt
  De auto werd gerepareerd. *Das Auto wurde repariert.*

Wenn man hinzufügen möchte, von wem etwas gemacht wird, verwendet man die Präposition door: Ik word **door** mijn broer opgehaald. *Ich werde **von** meinem Bruder abgeholt.*

REGEL Das Perfekt und Plusquamperfekt bildet man mit der entsprechenden Form von zijn *sein* und dem Partizip Perfekt des Hauptverbs.

- **Perfekt:** Präsens von zijn + Partizip Perfekt
  De auto is gerepareerd. *Das Auto ist repariert worden.*
- **Plusquamperfekt:** Imperfekt von zijn + Partizip Perfekt
  De auto was gerepareerd. *Das Auto war repariert worden.*

! Anders als im Deutschen entfällt hier das Partizip Perfekt von worden.

REGEL Im Futur I und Konditional setzt sich das Passiv aus der entsprechenden Form des Verbs zullen *werden*, dem Partizip Perfekt und worden *werden* zusammen. Das deutsche Verb ***werden*** hat also zwei Übersetzungen auf Niederländisch: **zullen** zur Bildung des Futurs und **worden** zur Bildung des Passivs.

- **Futur I:** Präsens von zullen + Partizip Perfekt + worden
  De auto zal gerepareerd worden. *Das Auto wird repariert werden.*
- **Konditional:** Konditional von zullen + Partizip Perfekt + worden
  De auto zou gerepareerd worden. *Das Auto sollte repariert werden.*

REGEL Im Futur II wird das Passiv mit dem Präsens von zullen, dem Partizip Perfekt und zijn gebildet. Ähnlich wie beim Perfekt und Plusquamperfekt entfällt die Übersetzung für das deutsche *worden.*

- **Futur II:** Präsens von zullen + Partizip Perfekt + zijn
  De auto zal gerepareerd zijn. *Das Auto wird repariert **worden** sein.*

1. Bilden Sie ganze Sätze aus den Schlagzeilen. Verwenden Sie hierzu das Passiv.

KONING HARTELIJK ONTVANGEN

Film gister bekroond met Oscar

MUSEUM OVER TWEE MAANDEN GEOPEND

ACTEUR JEROEN BLIJKE TOT SLECHTST GEKLEDE MAN GEKOZEN.

a. De koning ______
b. Het museum ______
c. De film ______
d. De acteur ______

2. Bilden Sie Sätze im Passiv und fügen Sie den jeweiligen Urheber hinzu.

koningin | leraar | kapper | politie | monteur | auteur

a. *schrijven*, Präsens, — De tekst wordt geschreven door de auteur.
b. *openen*, Präsens, — Het gebouw ______
c. *roepen*, Imperfekt — De scholieren ______
d. *arresteren*, Plusquamperfekt — De criminelen ______
e. *knippen*, Perfekt — Mijn haar ______
f. *repareren*, Konditional — De verwarming ______

3. Setzen Sie die Sätze ins Passiv.

a. De monteur heeft de lift in het gebouw gecontroleerd.
De lift in het gebouw is door de monteur gecontroleerd.
b. De leraar helpt de leerling met de moeilijke oefening.
______
c. De regering spreekt vanmiddag over het nieuwe plan.
______
d. De journalist stelde vragen aan de minister-president.
______
e. Mijn moeder heeft een heerlijke appeltaart gebakken.
______
f. Hij koopt de nieuwe laptop.
______
g. De mensen demonstreren tegen het kappen van de bomen.
______
h. Shakespeare schreef Romeo & Julia waarschijnlijk in 1594.
______

Wählen Sie die richtige Antwort.

Vergangenheitsformen

1. Ik heb Chinees eten …
   a) gehaalt
   b) gehaald
2. Waar was je? Ik heb op je ..
   a) gewachtet
   b) gewacht
3. Heb je al op die e-mail …?
   a) geantwoord
   b) geantwoorded
4. Ze heeft het zich niet …
   a) herhinnerd
   b) geherinnert
5. Ik … nog niet met mijn werk begonnen.
   a) ben
   b) heb
6. Ik … met roken opgehouden.
   a) ben
   b) heb
7. Ik … naar de markt gelopen.
   a) heb
   b) ben
8. Je … uren door het park gelopen.
   a) hebt
   b) bent
9. Wie wil hier blijven?
   a) Ik ben gister al hier geblijven.
   b) Ik ben gister al hier gebleven.
10. Ik … niet in bed lezen toen ik klein was.
    a) mocht
    b) durfde
11. Ik … u iets vragen.
    a) wilde
    b) woude
12. Hij … het niet begrijpen.
    a) konde
    b) kon
13. Koningin Wilhelmina … 58 jaar (…)
    a) heeft geregeerd
    b) regeerde
14. Hij … vandaag twee keer langs (…)
    a) kwam
    b) is langsgekomen
15. Sinterklaas is vanmorgen aangekomen. Hij … eerst Den Haag (…)
    a) bezocht
    b) heeft bezocht
16. Ik ontdekte dat ik de kaart …
    a) vergeten was
    b) vergat
17. Hij was boos. Ik … iets verkeerd (…)
    a) had gedaan
    b) deed

Futur

18. Ik … morgen vissen.
    a) zal
    b) ga
19. De cursus … helaas niet plaatsvinden.
    a) zal
    b) gaat
20. Waar is Ellen?
    a) Ze zal zo wel komen.
    b) Ze gaat zo wel komen.
21. Er … toch niets gebeurd zijn?
    a) wordt
    b) zal

Imperativ

22. … u rechtdoor.
   a) ☐ loopt
   b) ☐ lopen

23. … me als je terug bent.
   a) ☐ belt
   b) ☐ bel

24. … niet bang, de hond doet niks!
   a) ☐ wees
   b) ☐ ben

Konditional

25. Ik … dat niet doen, als ik jou was.
   a) ☐ zal
   b) ☐ zou

26. Ik … dat (…) doen, maar ik heb geen zin.
   a) ☐ moest
   b) ☐ zou moeten

27. Als ik veel tijd had, … ik op vakantie.
   a) ☐ ging
   b) ☐ zou

Passiv

28. Ik word … mijn vriend opgehaald.
   a) ☐ van
   b) ☐ door

29. Het huis is door de schilder …
   a) ☐ geschilderd
   b) ☐ geschilderd worden

30. Hè? Ik dacht dat het pakket gister …
   a) ☐ geleverd zou worden
   b) ☐ zou geleverd

Vergleichen Sie nun Ihre Antworten mit den Lösungen auf Seite 127. Dieser Tabelle können Sie entnehmen, auf welches Kapitel sich jede Aufgabe bezieht. Wenn Sie eine Aufgabe nicht richtig gelöst haben, können Sie das entsprechende Kapitel wiederholen.

Aufgabe	Kapitel	Aufgabe	Kapitel	Aufgabe	Kapitel	Aufgabe	Kapitel	Aufgabe	Kapitel
1	31	7	32	13	34	19	36	25	38
2	31	8	32	14	34	20	36	26	38
3	31	9	33	15	34	21	36	27	38
4	31	10	33	16	35	22	37	28	39
5	32	11	33	17	35	23	37	29	39
6	32	12	33	18	36	24	37	30	39

40 En … heb je je gister goed geamuseerd?

Und … hast du dich gestern gut amüsiert?

Adverbien

Ein Adverb ist ein unveränderliches Wort, das ein Verb oder ein Adjektiv näher bestimmt. Adverbien beschreiben oft die Art und Weise, den Ort, die Zeit oder den Grund des Geschehens.

Adverbien haben meist dieselbe Form wie das Adjektiv, von dem sie abgeleitet sind.

De zanger was goed.	*Der Sänger war gut.*	(Adjektiv)
De goede zanger was ziek.	*Der gute Sänger war krank.*	(Adjektiv)
Hij zingt goed.	*Er singt gut.*	(Adverb)

Manche Adverbien kann man steigern:

Positiv		**Komparativ**		**Superlativ**	
graag	*gern*	liever	*lieber*	het liefst	*am liebsten*
goed	*gut*	beter	*besser*	het best	*am besten*
veel	*viel*	meer	*mehr*	het meest	*am meisten*
weinig	*wenig*	minder	*weniger*	het minst	*am wenigsten*

Weitere Beispiele für Adverbien:

Adverbien der Zeit		
gisteren/gister *gestern*, vandaag *heute*, morgen *morgen*, vroeger *früher*,	Ik ben gister weggegaan.	*Ich bin gestern weggegangen.*
altijd *immer*, vaak *oft*, nooit *nie*,	Hij tennist vaak.	*Er spielt oft Tennis.*
daarna *danach*, dan *dann*	Jij komt nooit naar mij.	*Du kommst nie zu mir.*
Adverbien des Ortes		
hier *hier*, daar *dort*,	Ik wil daar niet naartoe.	*Ich will dort nicht hin.*
links *links*, rechts *rechts*	Ga daar links.	*Geh dort links.*
Adverbien der Menge		
heel *ganz*, veel *viel*, weinig *wenig*,	Ik hou veel van hem.	*Ich liebe ihn sehr.*
een beetje *ein wenig*	een beetje zachter	*ein wenig leiser*
Diverse Adverbien		
al *schon*, eigenlijk *eigentlich*, nog *noch*, graag *gerne*, misschien *vielleicht*, niet *nicht*, ook *auch*, soms *manchmal*	Weet je eigenlijk al dat ik misschien kom?	*Weißt du eigentlich schon, dass ich vielleicht komme?*

1. Setzen Sie das fehlende Adverb der Zeit ein. Sie können wählen aus:

morgen | overmorgen | gisteren | eergisteren | ~~vandaag~~

a. Vandaag ________ is het donderdag.
b. ________ was het woensdag.
c. ________ is het vrijdag.
d. ________ was het dinsdag.
e. ________ is het zaterdag.
f. Vandaag ________ is het zondag.
g. ________ is het maandag.
h. ________ was het zaterdag.
i. ________ is het dinsdag.
j. ________ was het vrijdag.

2. Sagen Sie das Gegenteil. Rechts finden Sie Adverbien zur Auswahl.

a. Ik ga **altijd** op zondagochtend heel vroeg zwemmen. ________
b. **Soms** ga ik op de fiets naar mijn werk. ________
c. Ik eet **weinig** chocolade. ________
d. Hij kan Nederlands **goed** verstaan. ________

slecht | veel | vaak | nooit

3. Ergänzen Sie die richtige Form des Adjektivs oder Adverbs.

goed
Ik ben heel (a.) ________ in talen. Mijn (b.) ________ taal is normaal gesproken Frans. Maar gek genoeg was het cijfer[1] voor mijn eindexamen Engels veel (c.) ________ dan voor Frans. Ik had 5 fouten voor Engels, maar 8 fouten voor Frans.

[1] cijfer = (Schul-)Note

graag
▲ Ga je mee naar het strand?
● O, ik zou (a.) ________ meegaan, maar ik kan helaas niet.
▲ Wat ga je dan doen?
● Ik moet opruimen.
▲ Dat klinkt niet leuk. Wil je echt niet (b.) ________ met ons meekomen?
● Ja natuurlijk! (c.) ________ liet ik hier alles liggen, maar ja, dat kan jammer genoeg niet.

weinig
Mijn zoon brengt kranten rond. Daar verdient hij helaas maar (a.) ________ mee. Door de invoering van het minimumloon verdient hij nu zelfs nog (b.) ________. Dat klinkt onlogisch, maar het is helaas wel zo. Vroeger werd hij per krant betaald, afhankelijk van het gewicht. Nu wordt hij per uur betaald en dat is (c.) ________ dan daarvoor. Een vriendje van hem vult de vakken in de supermarkt. Hij verdient ook niet zo veel, maar niet zo (d.) ________ als mijn zoon. Van al zijn vrienden verdient mijn zoon echt (e.) ________.

41 Er ligt zeewier op mijn bord?! – Ja, er is nog meer.

Liegt da Seetang auf meinem Teller?! – Ja, es gibt noch mehr.

Er: Ortsbestimmung und vorweggenommenes Subjekt

Das niederländische Wörtchen er hat zahlreiche Funktionen, für die es im Deutschen nicht immer eine direkte Entsprechung gibt.

Er als Ortsbestimmung: *hier, da, dort*

REGEL **Er** *hier, da, dort* verweist auf einen im Kontext bekannten Ort.

Gerrit is er niet, die is in de stad. *Gerrit ist nicht da, er ist in der Stadt.*
Edam? Nee, ik ben er nog nooit geweest. *Edam? Nein, ich bin dort noch nie gewesen.*

! In dieser Funktion ist er nie betont und darf daher auch nicht am Anfang eines Satzes stehen, im Gegensatz zu hier und daar.

Ik was in Kroatië. Het was **er** heerlijk warm. *Ich war in Kroatien. Es war herrlich warm* ***dort****.*
Ik was ook ooit eens in Engeland. *Ich war auch mal in England.*
Daar was het echt koud. ***Dort*** *war es richtig kalt.*
Is Gerrit er? Nee, hij is **er** niet. *Ist Gerrit da? Nein, er ist nicht* ***da****.*
Nee, **hier** is hij niet. *Nein,* ***hier*** *ist er nicht.*

REGEL **Er** steht als Ortsbestimmung so nah wie möglich am konjugierten Verb. Wenn das Subjekt hinter dem Verb steht (Inversion), steht er hinter dem Subjekt:

Ik ben er vaak geweest. *Ich bin oft da gewesen.*
Ben je er vaak geweest? *Bist du oft da gewesen?*

Er als vorweggenommenes Subjekt

REGEL Steht das unbestimmte Subjekt weiter hinten im Satz, verwendet man er als Platzhalter. In vielen Kontexten lautet die Entsprechung im Deutschen *es.*

Er ligt een krant op tafel. *Es liegt eine Zeitung auf dem Tisch.*
Is er nog koffie? *Gibt es noch Kaffee?*
Sorry, er is geen koffie meer. *Tut mir Leid, es gibt keinen Kaffee mehr.*

! Im Gegensatz zum Deutschen richtet sich im Niederländischen die Verbform nach der Anzahl des Subjekts: er is / er zijn → *es gibt.*

Er zijn minstens tien pannenkoeken … o nee, sorry, **er is** nog maar één pannenkoek. ***Es gibt*** *mindestens zehn Pfannkuchen … oh nein, tut mir Leid,* ***es gibt*** *nur noch einen Pfannkuchen.*

Er wird in zahllosen Redewendungen verwendet. Häufig werden Sie hören:

Wie is er aan de beurt? *Wer ist dran?* Ik ben aan de beurt. *Ich bin dran.*
Wat is er aan de hand? *Was ist los?* Er is niets aan de hand. *Es ist nichts los.*
Wat is er gebeurd? *Was ist passiert?* Er is niets gebeurd. *Es ist nichts passiert.*

Er: Ortsbestimmung und vorweggenommenes Subjekt 41

1. Sind die folgenden Aussagen richtig oder falsch?

	richtig	falsch
a. Er staan drie glazen op tafel.		
b. Er ligt een boek op tafel.		
c. Er liggen kranten op tafel.		
d. Er ligt geen telefoon op tafel.		
e. Er staan drie kopjes thee op tafel.		

2. Ersetzen Sie die kursiv gedruckten Wörter.

Ik ben vaak in Frankrijk geweest.

a. *In Frankrijk* spreken niet zo veel mensen Engels.
b. Wat voor mij goed is, want ik was *in Frankrijk* gedwongen Frans te praten.
c. Ik heb *in Frankrijk* trouwens ook mijn vriendje leren kennen.

Zie je dat gebouw? Dat kantoor?

d. Ik werk *in dat gebouw* al tien jaar.
e. *Bij dat gebouw* heb ik ook een eigen parkeerplaats.
f. *In het gebouw* is een lift.

Waarom ga je naar die supermarkt?

g. *In die supermarkt* heb je zulke lekkere koekjes.
h. En die kun je echt alleen maar *in die supermarkt* krijgen?
i. Ja, maar je hebt *in de supermarkt* ook goed brood.

3. Ergänzen Sie das fehlende er, wenn nötig.

a. Is een klein leuk restaurantje bij mij om de hoek.
b. Je kunt zulke heerlijke pastagerechten eten.
c. Ik ga vaak met mijn vriend naartoe.
d. Zijn niet zoveel tafeltjes, dat maakt het juist gezellig.
e. Vorige week is toch zoiets grappigs gebeurd.
f. Ik riep de ober, hij wilde vragen wat aan de hand is, en toen gleed hij uit.
g. Zaten champignons in mijn haren en lag een halve salade op mijn schoot.
h. Hij vond het zo verschrikkelijk en keek zo geschrokken dat ik echt moest lachen.
i. Kwamen meteen andere obers aangerend en die hebben me geholpen.
j. Ik zal zeker nog heel vaak naartoe gaan. De pasta is zo ontzettend lekker.
k. En zijn zulke lieve obers. Dan maken een paar champignons in mijn haar ook niets uit.

42 O, maar ik heb er een groot probleem mee!

Oh, aber ich habe damit ein großes Problem!

Er **mit Präposition**

er + **Präposition**

REGEL In Verbindung mit einer Präposition kann er Substantive ersetzen, die **Dinge** bezeichnen (zu Präposition + Person → Kapitel 12).
Het boek ligt op tafel. Het ligt erop. *Das Buch liegt auf dem Tisch. Es liegt darauf.*

REGEL Er steht so nah wie möglich hinter dem konjugierten Verb, das zum Subjekt gehört.
Hij praat veel over zijn vakantie. Hij praat **er** graag over.
Er redet viel über seine Ferien. Er redet gerne darüber.
Weitere Angaben zur Position von er im Satz → Kapitel 49.

REGEL Stehen er und Präposition nebeneinander, werden sie zusammengeschrieben. Wenn weitere Satzergänzungen (z. B. Adverbien) vorkommen, stehen sie aber zwischen er und der Präposition:
Hij praat **erover**. *Er redet darüber.* aber: Hij praat **er** graag **over**. *Er redet gerne darüber.*

! **er + met = ermee** *damit*
Ik werk graag met een potlood. Ik werk **er** dagelijks mee. Werk je **ermee**?
Ich arbeite gerne mit einem Bleistift. Ich arbeite täglich damit. Arbeitest du damit?

! Bei der Angabe einer Richtung: **er + naar = ernaartoe** *dorthin*.
Ze vliegt ieder jaar naar Noorwegen. Ze vliegt **er** ieder jaar **naartoe**. Ze vliegt **ernaartoe**.
Sie fliegt jedes Jahr nach Norwegen. Sie fliegt jedes Jahr dort hin. Sie fliegt dorthin.

! In allen anderen Bedeutungen bleibt **er + naar**:
Ik luister naar het lied. Ik luister **er** vaak **naar**. Ik luister **ernaar**.
Ich höre das Lied. Ich höre es oft. Ich höre es.

REGEL Wie als Ortsbestimmung ist er auch mit Präposition unbetont. Möchte man die Betonung auf die Sache legen, die ersetzt wird, muss man daar verwenden:

Hij praat erover.	*Er spricht darüber.*
Daar praat hij altijd over!	*Darüber spricht er immer!*

! Das Verb eruitzien *aussehen* schreibt man in einem Wort, es ist aber trennbar.

Hoe zal hij eruitzien?	*Wie wird er aussehen?*
Jij ziet er vandaag goed uit.	*Du siehst heute gut aus.*

1. Ersetzen Sie die markierten Wörter durch er.

a. Lena zoekt haar mascara in haar tas, maar hij zit niet in haar tas.
   Lena zoekt haar mascara in haar tas, maar hij zit er niet in.
b. Ik ben voor het feest uitgenodigd. Ben jij ook voor het feest uitgenodigd?
   ______
c. Geef hem toch Belgische bonbons. Hij houdt heel erg van Belgische bonbons.
   ______
d. Rijd je met die oude auto helemaal naar Spanje?
   ______
e. Ja, natuurlijk rij ik met die oude auto naar Spanje. Ik heb geen andere auto.
   ______
f. Mijn vader luistert graag urenlang naar Caribische muziek.
   ______

2. Ergänzen Sie er, wo es fehlt.

a. Dat is het gebouw dat het bedrijf van mijn vader heeft gebouwd.
b. O, ik heb veel over gehoord.
c. Vind je het niet fantastisch?
d. Nou ... eh ... ik vind dat het een beetje modern uitziet.
e. Hou je niet van moderne gebouwen?
f. Nee, eerlijk gezegd hou ik niet zo van, nee.
g. Nou, maar mijn vader is erg trots op!

3. Tom und Sofie heiraten. Sehen Sie sich Sofies Liste an und schreiben Sie auf, was Sofie noch alles zu tun hat. Ersetzen Sie dabei die markierten Wörter durch er.

TO DO SOFIE	
Met Tom praten over catering	*Ze moet er met Tom over praten.*
Op zoek gaan naar goede drukkerij	Ze moet ______
Naar kasteel gaan om alles te checken	Ze moet ______
Vragen stellen over vrije kamers	Ze moet ______
Luisteren naar proef-CD's van de bands	Ze moet ______
Adressen op de lijst zetten	Ze moet ______
Met de auto naar de garage	Ze moet ______
Annick om hulp vragen	Ze moet ______

43 Eigenlijk had ik er maar drie uitgenodigd …

Eigentlich hatte ich nur drei eingeladen …

Er mit Mengenangaben

REGEL Er ersetzt bei Mengenangaben ein Substantiv, wenn klar ist, worauf die Angabe sich bezieht.

Auf Deutsch gibt es für er in dieser Funktion keine Entsprechung. Man kann sich als Hilfe *davon* oder das nicht mehr gebräuchliche *derer* dazudenken.

Appels? Ja, geeft u **er** maar zes. *Äpfel? Ja, geben Sie mir (davon/derer) mal sechs.*
Heb je nog wafels? Ja, ik heb **er** nog één. *Hast du noch Waffeln? Ja, ich habe noch eine (davon).*

! Auch wenn im Deutschen kein Pronomen steht: Im Niederländischen muss in diesen Sätzen **er** unbedingt gesetzt werden.

REGEL Er steht so nah wie möglich hinter dem konjugierten Verb, das zum Subjekt gehört.
Nee, ik wil er niet zes, ik wil er vijf. *Nein, ich möchte nicht sechs, ich möchte fünf.*

Weitere wichtige Regeln zur Stellung von er im Satz → Kapitel 49.

! Er kann ganz verschiedene Funktionen haben:

er als Ortsbestimmung (→Kapitel 41)	Zie je dat kantoor? Ik werk er al vier jaar. *Siehst du das Büro? Ich arbeite dort schon seit vier Jahren.*
er als vorweggenommenes Subjekt (→ Kapitel 41)	Er is geen koffie meer. *Es gibt keinen Kaffee mehr.*
er + Präposition (→ Kapitel 42)	Ga je naar het feest? Nee, ik ben er niet voor uitgenodigd. *Gehst du zum Fest? Nein, ich wurde dazu nicht eingeladen.*
er + Mengenangabe (→ Kapitel 43)	Hoeveel kinderen heb je? Ik heb er drie. *Wie viele Kinder hast du? Ich habe drei.*

! Er kann mehrmals in einem Satz vorkommen, in unterschiedlichen Funktionen:
Hebben we nog tomaten? Ja, er zijn er nog twee. *Haben wir noch Tomaten? Ja, noch zwei.*

1. Ersetzen Sie die markierten Wörter durch er.

a. Ik heb twee pakken melk nodig. Ik heb er twee nodig.
b. Mijn zus heeft twee kinderen. ______
c. In mijn kast staan veel CD's van ABBA. ______
d. Ik heb nog genoeg boeken die ik kan lezen. ______
e. Ik heb gister tien eieren gekocht. ______
f. Ze gaat morgen met haar vriend naar het concert. ______
g. Wat moet ik met zo'n opmerking? ______

2. Wo fehlt in dieser Geschichte er? Setzen Sie es ein.

Er was eens een breedbekkikker[1]. Hij vroeg zich af wat andere dieren zoal eten.
a. Hij had lang over nagedacht en besloot de andere dieren te vragen.
„Koe, wat eet jij eigenlijk," vroeg hij aan de zwart witte koe.
b. „Ik eet grassprietjes. Kijk daar staan heel veel. Lekker sappig gras."
Vervolgens ging de breedbekkikker naar de vogel.
„Vogel, wat eet jij het liefst?"
c. „Ik eet wormen. Ik heb vandaag al vier gegeten. Heerlijk!"
De breedbekkikker wilde nog meer weten en ging naar het konijn.
„Konijntje, wat eet jij?"
d. „Ik eet wortels, maar ik heb vandaag nog geen een gevonden, helaas.
Toen zag de breedbekkikker ooievaars[2] staan.
e. Hij ging naartoe.
„Zeg, ooievaar, wat vind jij het lekkerste wat er is?
„Ik eet breedbekkikkers. Die vind ik heel erg lekker!"
„O," zei de breedbekkikker, en hij maakte zijn wangen heel slank.
f. „Breedbekkikkers? Ik heb nog nooooooooit van gehoord. Fijne dag nog!"
En snel liep hij in de andere richting.

[1] breedbekkikker = Breitmaulfrosch [2] ooievaar = Storch

3. Ergänzen Sie das fehlende er in den folgenden Sätzen.

Hoe zien de kleine baby-aapjes in de dierentuin op dit moment uit? Om een antwoord op deze vraag te vinden zijn we in de auto gestapt en naartoe gereden. Waren meer mensen op dit grandioze idee gekomen. Ik denk dat wel 300 mensen in de rij voor de kassa stonden. We hebben een uur gestaan. Stonden zoveel mensen voor het apenhok, dat we de aapjes eerst niet konden zien. Ging een vrouw met twee kinderen weg en toen hadden we vrij zicht. Wat een schatjes! Zo lief, ze zagen uit als kleine baby'tjes. Nienke vond ze fantastisch. Ze praat nu nog steeds over!

44 Hij doet zijn best, maar mooi is anders.

Er gibt sein Bestes, aber schön ist etwas anderes.

Nebenordnende Konjunktionen

Nebenordnende Konjunktionen verbinden gleichwertige Sätze, Wortgruppen oder Wörter. Der Satzbau ist dabei im Niederländischen fast immer wie im Deutschen. Beispiele für nebenordnende Konjunktionen:

dus ***also***	Ik moet nog zoveel doen, dus ik kan niet komen. *Ich muss noch so viel machen, also kann ich nicht kommen.*
en ***und***	Ik lees een boek en mijn vriend speelt een computerspelletje. *Ich lese ein Buch und mein Freund spielt ein Computerspiel.*
en … en ***sowohl … als auch***	Ik heb en voor thuis en voor mijn werk een laptop. *Ich habe sowohl für Zuhause als auch für meine Arbeit einen Laptop.*
maar ***aber***	Hij dacht dat het klopte, maar hij wist het niet zeker. *Er dachte, dass es stimmte, aber er war sich nicht sicher.*
maar ***sondern***	Ik neem geen tas mee, maar een rugzak. *Ich nehme keine Tasche mit, sondern einen Rucksack.*
noch … noch ***weder … noch***	Zij houdt noch van fitness noch van joggen. *Sie mag weder Fitness noch Joggen.*
niet alleen … maar ook ***nicht nur … sondern auch***	Het boek was niet alleen saai, maar ook nog heel duur. *Das Buch war nicht nur langweilig, sondern auch noch sehr teuer.*
of ***oder***	Ik kan vanmiddag thuisblijven of ik ga fietsen. *Ich kann heute Nachmittag zu Hause bleiben oder ich gehe radeln.*
of … of ***entweder … oder***	Of je doet nu iets voor school, of je blijft zitten. *Entweder machst du jetzt etwas für die Schule oder du bleibst sitzen.*
want ***denn***	Ik kan het je nu niet zeggen, want ik weet het zelf ook niet. *Ich kann es dir jetzt nicht sagen, denn ich weiß es selbst auch nicht.*
zowel … als ***sowohl … als auch***	Zij moet zowel voor Frans als voor Engels nog veel doen. *Sie muss sowohl für Französisch als auch für Englisch noch viel tun.*

REGEL Nach zowel … als steht, im Gegensatz zum Deutschen, das Verb im Singular:
Zowel Frank als Els **gaat** naar de vergadering. *Sowohl Frank als auch Els **gehen** zu dem Meeting.*

! Dus kann nebenordnend und unterordnend sein. Der Unterschied liegt in der Wortstellung:
nebenordnend: Ik moet nog zoveel doen, dus ik kan niet komen. *Ich muss noch so viel machen,*
unterordnend: Ik moet nog zoveel doen, dus kan ik niet komen. *also kann ich nicht kommen.*

1. Welche Konjunktion passt? Kreuzen Sie an.

a. Ze gaat eerst naar huis ☐ **of** / ☐ **en** daarna naar haar moeder.
b. Ik hou ☐ **noch** / ☐ **zowel** van andijvie, ☐ **noch** / ☐ **als** van spinazie. Bah!
c. Hij is zo rijk. Hij heeft genoeg geld voor ☐ **of** / ☐ **en** een woning ☐ **of** / ☐ **en** een boot.
d. Ik ga nu naar huis ☐ **dus** / ☐ **want** ik voel me niet lekker.

2. Beenden Sie die Sätze.

kijk nu maar niet zo verbaasd | ik ga bij je weg | de hele morgen uitslapen | je wilt ook helemaal niet werken | om alles voor je te organiseren

a. Ik heb **noch** zin om alles voor je te betalen, **noch** __________
b. Ik heb het je vaak genoeg gezegd, **dus** __________
c. Je hebt geen werk, oké, **maar** __________
d. Je wilt het liefst **en** laat naar bed **en** __________
e. Je doet helemaal niets. **Of** je verandert iets in je leven **of** __________

3. Ergänzen Sie die fehlenden Konjunktionen in dieser Geschichte.

Jip (a.) ______ Janneke zijn twee figuren uit Nederlandse kinderboeken. Jip, het jongetje, heeft veel ideeën, (b.) ______ Janneke, het meisje, vindt ze niet altijd zo goed. Jip neemt bijvoorbeeld een hapje van een taart, (c.) ______ er zit dan een gat[1] in de taart. O, o, dat vindt Janneke geen goed idee, het gat valt echt op. (d.) ______ we laten het zo, (e.) ______ we maken overal gaten in de taart, stelt Jip voor. (f.) ______ Jip (g.) ______ Janneke gaat aan het werk en maakt overal gaten in de taart. Ze zijn heel tevreden, (h.) ______ nu ziet de taart er als een gatentaart uit. Dit was (i.) __________ een leuk verhaaltje, (j.) __________ inspiratie voor mijn kleine zusje. Mijn oma had pudding gemaakt, (k.) ______ mijn zusje wist wat ze moest doen. Samen met mijn nichtje stak ze haar vinger overal in de puddig: een gatenpudding! De pudding zakte in elkaar. (l.) ______ mijn vader (m.) ______ mijn moeder heeft daarna nog ongecensureerd verhaaltjes voorgelezen.

[1] gat = Loch

4. Übersetzen Sie.

a. Das Produkt gibt es sowohl in Belgien als auch in den Niederlanden.

____

b. Entweder lernst du viel, oder du schaffst das Examen nicht.

____

45 Ze huilen, omdat je niet met hen speelt.

Sie weinen, weil du nicht mit ihnen spielst.

Unterordnende Konjunktionen

Unterordnende Konjunktionen verbinden Sätze oder Wortgruppen, die nicht gleichwertig sind. Die Zeichensetzung ist übrigens im Niederländischen viel freier: nur wenn es für die Bedeutung unerlässlich ist oder der Satz zu lang wird, sollte man ein Komma setzen.

als ***wenn***	Als je zin hebt, kunnen we morgen iets leuks gaan doen. *Wenn du Lust hast, können wir morgen etwas Schönes machen.*
dat ***dass***	Ik denk niet dat dat een goed idee is. *Ich denke nicht, dass das eine gute Idee ist.*
doordat ***weil; dadurch, dass***	Doordat de zon scheen, droogde de was snel. *Dadurch, dass die Sonne schien, trocknete die Wäsche schnell.*
hoewel ***obwohl***	Hoewel ik veel werk, ben ik nog steeds niet steenrijk. *Obwohl ich viel arbeite, bin ich immer noch nicht steinreich.*
nadat ***nachdem***	Nadat ik had gedoucht, kleedde ik me snel aan. *Nachdem ich mich geduscht hatte, zog ich mich schnell an.*
of ***ob***	Ik weet niet of ik daar zo'n zin in heb. *Ich weiß nicht, ob ich darauf so viel Lust habe.*
om … te ***damit***	Piet moet meer leren om beter in wiskunde te worden. *Piet muss mehr lernen, damit er in Mathe besser wird.*
omdat ***weil***	De leraar werd boos, omdat de kinderen niet naar hem luisterden. *Der Lehrer wurde böse, weil die Kinder ihm nicht zuhörten.*
sinds ***seit(dem)***	Sinds hij hier werkt, is er veel veranderd. *Seitdem er hier arbeitet, hat sich viel geändert.*
terwijl ***während***	Terwijl ik boodschappen deed, heeft hij de keuken opgeruimd. *Während ich eingekauft habe, hat er die Küche aufgeräumt.*
toen ***als***	Toen ik klein was, had ik veel krullen. *Als ich klein war, hatte ich viele Locken.*
tot(dat) ***bis***	De baby heeft gehuild totdat hij in slaap viel. *Das Baby hat geweint, bis es eingeschlafen ist.*
voor(dat) ***bevor***	Voordat ik ga slapen, lees ik altijd. *Bevor ich schlafen gehe, lese ich immer.*
zodat ***sodass***	Ik laat de deur open, zodat je naar binnen kunt. *Ich lass die Tür offen, sodass du reingehen kannst.*

1. Verbinden Sie die Sätze.

a. We kunnen naar de film gaan
b. Hij heeft me al verteld
c. Ik kan geen nacht meer slapen
d. Ik ben echt heel erg geschrokken
e. Ze werkt heel veel

1. toen je van de trap viel.
2. als je zin hebt.
3. dat je boos op hem was.
4. om genoeg geld voor haar familie te verdienen.
5. sinds ik die film heb gezien.

2. Bringen Sie die Satzteile in die richtige Reihenfolge.

a. Terwijl | mijn man en ik | de kinderen | lagen te slapen | naar een film gekeken | hebben.

Terwijl ______________________________

b. Sinds | het leven | ik | jou | een stuk leuker | ken | is | geworden.

Sinds ______________________________

c. Ik | morgen | zet | zodat | op tijd | zeven wekkers | ik | kom.

Ik ______________________________

d. Ik | hoe | je | begrijp | zoiets | echt niet | kunt zeggen.

Ik ______________________________

e. Hoewel | heb geslapen | vandaag | ik | ik | tien uur | ben | doodmoe.

Hoewel ______________________________

3. Ergänzen Sie die fehlenden Konjunktionen.

terwijl | dat | hoewel | omdat | sinds | doordat

a. ______________ het zoveel had geregend, was de weg onbegaanbaar geworden.
b. Ik denk ______________ ik vanmiddag naar de bibliotheek ga.
c. ______________ ik een goede brief heb geschreven, ben ik niet voor het sollicitatiegesprek uitgenodigd.
d. ______________ jij hier niets hebt zitten doen, heb ik drie mails geschreven en twee telefoontjes gevoerd.
e. ______________ u te laat bent, kunnen we u niet meer naar binnen laten gaan.
f. ______________ ik verhuisd ben, voel ik me een stuk gelukkiger.

46 Ze zei echt dat we steeds maar rechtdoor moesten.

Sie hat echt gesagt, dass wir immer geradeaus müssen.

Indirekte Rede

Mit der indirekten Rede berichtet man, was eine andere Person gesagt oder geschrieben hat.
Zij zegt dat ze ziek is. *Sie sagt, dass sie krank ist.*

Zur Einleitung der indirekten Rede wird oft eins der folgenden Verben verwendet: antwoorden *antworten*, beweren *behaupten*, denken *denken*, mededelen *mitteilen*, verklaren *erklären*, vinden *finden*, weten *wissen*, zeggen *sagen*.

! Im Deutschen kann man bei der indirekten Rede umgangssprachlich die Konjunktion *dass* weglassen, im Niederländischen steht immer dat – ohne Komma.

Ik denk wel dat je dat kunt doen. } *Ich denke schon, dass du das machen kannst.*
Ich denke schon, du kannst das machen.

Möchte man eine Frage wiedergeben, verwendet man ein Fragewort oder of *ob:*
Ik weet niet **wat** Piet heeft gezegd. *Ich weiß nicht,* ***was*** *Piet gesagt hat.*
Ik weet niet **of** hij iets heeft gezegd. *Ich weiß nicht,* ***ob*** *er etwas gesagt hat.*

REGEL Steht das einleitende Verb im Präsens, wird in der indirekten Rede die Zeit aus der direkten Rede übernommen:
Hij zegt: „Ik ga morgen op vakantie." *Er sagt: „Ich fahre morgen in Urlaub."*
Hij zegt dat hij morgen op vakantie gaat. *Er sagt, dass er morgen in Urlaub fährt.*

REGEL Steht das einleitende Verb in der Vergangenheit, gibt es mehrere Möglichkeiten:

Präsens → Imperfekt Hij zei: „Ik **ben** ziek." → Hij zei dat hij ziek **was**.
Er sagte: „Ich bin krank" → Er sagte, dass er krank sei.

Imperfekt → Imperfekt Hij zei: „Ik **was** gister jarig." → Hij zei dat hij gister jarig **was**.
Er sagte: „Ich hatte gestern Geburtstag."
→ Er sagte, dass er gestern Geburtstag hatte.

Perfekt → Plusquamperfekt Hij zei: „Het **heeft gesneeuwd.**" → Hij zei dat het **gesneeuwd had**.
Er sagte: „Es hat geschneit." → Er sagte, es habe geschneit.
Karel zei: „Wiebke **heeft** mooi haar."
→ Karel zei dat Wiebke mooi haar **had/heeft.**
Karel sagte: „Sie hat schönes Haar."
→ Karel sagte, dass sie schönes Haar habe.

In diesem Fall kann Karel gemeint haben, dass Wiebke in dem Moment schönes Haar hatte. Dann steht das Verb in der indirekten Rede im Imperfekt. Meint Karel, dass Wiebke **immer** schöne Haare hat, dann hätte sie es auch noch in dem Moment, in dem der Sprecher Karels Äußerung berichtet – deswegen steht dann Präsens. Die Niederländer passen am liebsten die Verbzeiten aneinander an: Hij **zei** dat ze mooi haar **had**.

1. Formulieren Sie die indirekte Frage.

Zeg me …

a. Waar ben je geweest? → waar je geweest bent.
b. Wat heb je daar gedaan? → ______
c. Waarom heb je niet gebeld? → ______
d. Heb je aan me gedacht? → ______
e. Hou je van mij? → ______

2. Hier sehen Sie eine E-Mail. Geben Sie die Informationen in der indirekten Rede wieder und denken Sie daran, die Pronomen und Verbformen anzupassen.

Hoi Dieuwke,
Ik ben vandaag in jullie huis geweest.
De plantjes hadden dringend water nodig.
Ik heb ze dus maar goed begoten.
Jullie hebben zoveel post gekregen!
Ik heb alles op een stapel op tafel gelegd.
Er zat verder niets belangrijks bij.

Hoe gaat het met jou?
Is Naomi eigenlijk weer beter?
En heeft Sarah lekker gezwommen?
En heeft Casper genoeg geslapen in de vakantie?
Wanneer gaan jullie eigenlijk weer terug?
Groetjes aan iedereen! Liefs, je zuster.

Ze vertelt …
a. ______
b. ______
c. ______
d. ______
e. ______
f. ______

Ze vraagt …
g. ______
h. ______
i. ______
j. ______
k. ______

3. Leiten Sie die indirekte Rede ab. Passen Sie Pronomen und Verbformen an.

a. Mijn moeder vertelde: „Ik ging graag naar school."
Zij vertelde dat ze graag naar school ging.
b. Mijn kleine broertje zei: „Ik ga ook graag naar school."
______
c. Mijn collega vroeg: „Heeft Wim dat eigenlijk al gedaan?"
______
d. Mijn andere collega's antwoordden: „Nee, dat moet jij doen."
______
e. Elly vraagt „Wie neemt de grote koffer mee?"
______
f. John vraagt: „Wanneer moet ik de indirecte rede gebruiken?"
______

47 We hadden een uur langer kunnen slapen.

Wir hätten eine Stunde länger schlafen können.

Satzbau: Hauptsätze

Der Satzbau ist im Niederländischen ähnlich wie im Deutschen. Wir gehen daher hier nur auf die wichtigsten Besonderheiten ein.

1. Dativobjekt

REGEL Man kann das Dativobjekt (hier: Els direkt hinter das finite Verb (hier: geef) oder vor das Akkusativobjekt (hier: bloemen) stellen.

Ik **geef Els** morgen bloemen.
Ik geef morgen **Els bloemen**.
} *Ich **schenke Els** morgen Blumen.*

Ist das Dativobjekt mit einer Präposition verbunden, kann es vor oder hinter dem Akkusativobjekt stehen:

Ik geef morgen **aan Els bloemen.**
Ik geef morgen **bloemen aan Els.**
} *Ich **schenke Els** morgen Blumen.*

2. Akkusativobjekt

REGEL Ein kurzes Akkusativobjekt stellt man immer zwischen Verb und weitere Ergänzungen.

Ik zie **haar** altijd in Edam. — *Ich sehe **sie** immer in Edam.*

Ein längeres Akkusativobjekt kann auch vor oder nach der Ortsangabe stehen.

Ik zie **mijn beste vriendin Anni** altijd in Edam.
Ik zie altijd **mijn beste vriendin Anni** in Edam.
Ik zie altijd in Edam **mijn beste vriendin Anni.**
} *Ich sehe **meine beste Freundin Annie** immer in Edam.*

3. Infinitive

REGEL Steht am Ende des Satzes ein **Partizip mit einem Infinitiv** (hebben, zijn, worden), ist die Reihenfolge der Verben – im Gegensatz zum Deutschen – variabel:

Ik moet dat aan de telefoon **gezegd hebben.**
Ik moet dat aan de telefoon **hebben gezegd.**
} *Ich muss das am Telefon gesagt haben.*

REGEL Stehen **mehrere Infinitive** am Ende des Satzes, ist die Reihenfolge:
Modalverb → anderes Verb → Hauptverb (wichtigste Bedeutung):

Ik heb dat gister niet **kunnen vragen.** — *Ich habe das gestern nicht* **fragen können.**
Ik had die vragen **moeten kunnen beantwoorden.** — *Ich hätte die Fragen **beantworten können müssen.***

1. Bringen Sie Ordnung in die Sätze. Fangen Sie den Satz mit dem fett markierten Wort an.

a. kopen / een cadeautje / **Ik** / voor Ans / ga /

b. mijn moeder / **Vrijdag** / op bezoek / komen / wil

c. in de bioscoop / de nieuwe film / **Wanneer** / komt

d. het recept van de lekkere taart / **Ik** / zal / opsturen / naar jou

2. Ändern Sie die Wortstellung der folgenden Aussagesätze so oft wie möglich.

a. Morgen zal ik om acht uur op mijn werk kunnen zijn.
Ik zal morgen om acht uur op mijn werk kunnen zijn.
Op mijn werk zal ik morgen om acht uur kunnen zijn.
Om acht uur zal ik morgen op mijn werk kunnen zijn.

b. Graag zou ik u in een persoonlijk gesprek een paar vragen willen stellen.

c. Ik heb het cadeautje helaas nog niet aan Marieke kunnen geven.

d. U kunt tijdens uw verblijf gratis van ons wellness-aanbod gebruik maken.

3. Übersetzen Sie die Sätze.

a. Ich habe kein Wort sagen können.

b. Ich habe das noch nie tun müssen.

c. Ich habe das Haus 1992 bauen lassen können.

d. Wie hast du ihm das sagen können?

Ik denk dat ik beter thuis kan blijven.

Ich denke, dass ich besser zu Hause bleiben sollte.

Satzbau: Nebensätze

Auch in Nebensätzen ist der Satzbau im Niederländischen ähnlich wie im Deutschen. Wir gehen daher hier nur auf einige Besonderheiten ein.

1. Das finite Verb in einem Nebensatz mit mehreren Verben

REGEL Das finite Verb (gebeugtes Verb) kann entweder vor oder hinter einem anderen Verb stehen.

Ik geloof dat hij gister laat gekomen **is**.
Ik geloof dat hij gister laat **is** gekomen. } *Ich glaube, dass er gestern spät gekommen ist.*

! Das finite Verb **muss** jedoch an erster Stelle gesetzt werden, wenn:

- der Nebensatz drei oder mehr Verben enthält:
  …., dat je het morgen kunt laten doen. *…, dass du es morgen machen lassen kannst.*
- zwischen zwei Verben **te** steht
  …, als ik zit **te** lezen. *…, wenn ich lese.*

! Das finite Verb **muss** an letzter Stelle gesetzt werden, wenn **aan het** + **Verb** verwendet wird (→ Kapitel 28 Verlaufsform):
…, omdat we **aan het** verhuizen **zijn**. *…, weil wir gerade umziehen.*

2. Mehrere Infinitive in einem Nebensatz

REGEL Stehen mehrere Infinitive in einem Nebensatz, ist die Reihenfolge:
Finites Verb → anderes Verb → Hauptverb (Verb mit der inhaltlich wichtigsten Bedeutung):
Ik denk dat ik hem heb kunnen helpen. *Ich denke, dass ich ihm habe helfen können.*

3. Nebensatz mit hopen, geloven, denken oder vinden

REGEL Wenn im Hauptsatz eines der Verben hopen *hoffen*, geloven *glauben*, denken *denken* oder vinden *finden* als Hauptverb verwendet wird, muss der Nebensatz immer mit dat *dass* anfangen. Auf Deutsch könnte man in dem Fall *dass* weglassen.
Ik hoop dat je goed aankomt. *Ich hoffe, dass du gut ankommst. / Ich hoffe, du kommst gut an.*

1. Kreuzen Sie an, was richtig ist.

a. 1. Ik denk dat hij nog boodschappen moet doen.
   2. Ik denk dat hij nog boodschappen doen moet.
   - ☐ Nur Satz 1 ist richtig.
   - ☐ Nur Satz 2 ist richtig.
   - ☐ Satz 1 und 2 sind beide richtig.

b. 1. Hij is op bed gaan liggen lezen.
   2. Hij is op bed liggen lezen gaan.
   - ☐ Nur Satz 1 ist richtig.
   - ☐ Nur Satz 2 ist richtig.
   - ☐ Satz 1 und 2 sind beide richtig.

c. 1. De kinderen stoorden steeds toen ik zat te telefoneren.
   2. De kinderen stoorden steeds toen ik te telefoneren zat.
   - ☐ Nur Satz 1 ist richtig.
   - ☐ Nur Satz 2 ist richtig.
   - ☐ Satz 1 und 2 sind beide richtig.

d. 1. Nee sorry, je kunt niet langskomen omdat we zijn aan het schilderen.
   2. Nee sorry, je kunt niet langskomen omdat we aan het schilderen zijn.
   - ☐ Nur Satz 1 ist richtig.
   - ☐ Nur Satz 2 ist richtig.
   - ☐ Satz 1 und 2 sind beide richtig.

e. 1. Ik kon helaas niet alles doen wat ik had doen moeten.
   2. Ik kon helaas niet alles doen wat ik had moeten doen.
   - ☐ Nur Satz 1 ist richtig.
   - ☐ Nur Satz 2 ist richtig.
   - ☐ Satz 1 und 2 sind beide richtig.

2. Übersetzen Sie.

a. Ich finde, du hast das gut gemacht. ______________________________

b. Ich gehe weg, denn ich habe frei. ______________________________

c. Ich denke, dass das nicht stimmt. ______________________________

d. Ich glaube, er hat das nicht sagen können. ______________________________

e. Es tut mir leid, dass ich das habe sagen müssen. ______________________________

49 O, dat ziet er … eh … interessant uit.

Oh, das sieht … äh … interessant aus.

Satzbau: Sätze mit *er*

Das Wort er hat verschiedene Funktionen, die wir in den Kapiteln 41 bis 43 beschrieben haben. Dieses Kapitel beschäftigt sich mit der Stellung von er im Satz.

er als vorweggenommenes Subjekt

Wenn er die Funktion eines vorweggenommenen Subjekts erfüllt (→ Kapitel 41), steht es an der für das Subjekt bestimmten Stelle im Satz, also:

- Im Aussagesatz an erster Stelle: Er staat melk op tafel. *Es steht Milch auf dem Tisch.*
- Bei Inversion hinter dem finiten Verb: Is er geen papier meer? *Gibt es kein Papier mehr?*
- Im Nebensatz hinter der Konjunktion: Ik denk dat er niets is. *Ich denke, dass es nichts gibt.*

er bei Ortsbestimmungen, Mengenangaben und mit Präpositionen

Ersetzt er ein aus dem Kontext bekanntes Wort bzw. ein Wort, das vorher genannt wurde (→ Kapitel 41-43), gelten folgende Satzbauregeln:

- Er steht so nah wie möglich **hinter dem finiten Verb:**
  Hij praat **er** graag over. — *Er redet gerne darüber.*
- Bei Inversion steht er **hinter dem Subjekt.**
  Praat hij **er** graag over? — *Redet er gerne darüber?*
- Er steht **hinter einem Objekt- oder Reflexivpronomen.**
  Hij vertelt me **er** veel over. — *Er erzählt mir viel darüber.*
- Steht das konjugierte Verb ganz hinten im Satz, kann er nicht hinter dem Verb stehen. Er steht dann **hinter dem Subjekt**, oder **hinter einem Objekt - oder Reflexivpronomen**.
  Ik hoop dat je **er** morgen over nadenkt. — *Ich hoffe, dass du morgen darüber nachdenkst.*
  Ik denk dat je me **er** genoeg over verteld hebt. — *Ich denke, du hast mir darüber genug erzählt.*
  (…) omdat ze zich **er** zorgen over maakt. — *(…) weil sie sich darüber Sorgen macht.*
- Stehen **er und Präposition** nebeneinander, werden sie zusammengeschrieben. Wenn weitere Satzergänzungen (z. B. Adverbien) vorkommen, stehen sie aber zwischen er und der Präposition.
  Hij praat **erover**. *Er redet darüber.* — aber: Hij praat **er** graag **over**. *Er redet gerne darüber.*
  Zij werkt **ermee**. *Sie arbeitet damit.* — aber: Zij werkt **er** veel **mee**. *Sie arbeitet viel damit.*
  Ik ga **ernaartoe**. *Ich gehe dorthin.* — aber: Ik ga **er** vaak **naartoe**. *Ich gehe oft dorthin.*

1. Bilden Sie Sätze. Fangen Sie dabei mit dem jeweils großgeschriebenen Wort an.

a. ongeluk / Er / gebeurd / is / een

b. ongeluk / Er / gebeurd / is / een / vreselijk.

c. ongeluk / Er / gebeurd / is / een / vreselijk / op / kruispunt / het

d. ongeluk /er / gebeurd / is / een / vreselijk / Op / kruispunt / het

e. ongeluk / er / gebeurd / is / een / vreselijk / op / kruispunt / het / Gisteren

2. Ersetzen Sie die markierten Wörter durch er.

a. Hoewel ik huiswerk maken niet erg vind, heb ik nu geen zin in huiswerk maken.

b. Ik zal vanmiddag vier pakken melk kopen.

c. Ik zal over het voorstel nadenken.

d. Mijn broer gaat volgend jaar naar een andere school.

e. Mijn moeder kan absoluut niet met de nieuwe computer werken.

3. Übersetzen Sie die folgenden Sätze.

a. Ich werde morgen darüber sprechen müssen.

b. Ich werde darüber sprechen.

c. Wir haben noch ein Brot. Du wirst noch zwei kaufen müssen.

d. Es gibt ein gutes Grammatikbuch für Niederländisch.

e. Die „Power-Grammatik“? Ja, ich habe damit sehr gut Niederländisch gelernt!

Een, twee, drie … negenennegentig … honderd!

Eins, zwei, drei … neunundneunzig … hundert!

Grund- und Ordnungszahlen

Die Zahlwörter finden Sie im Anhang auf S. 134. Hier möchten wir Ihnen einige Regeln zum Gebrauch der Zahlen geben.

REGEL Die Zahlen werden im Niederländischen genauso gebildet wie im Deutschen:
28 = 8 + 20 achtentwintig *achtundzwanzig*.

Schreibung

- Grundsätzlich werden die Zahlen zusammengeschrieben. Ausnahmen: Nach duizend beginnt ein neues Wort, und miljoen und miljard stehen einzeln.
- Das Zahlwort een (gesprochen [en]) schreibt man wie den unbestimmten Artikel een (gesprochen [ən]). Wenn nicht aus dem Zusammenhang klar wird, welches een gemeint ist, setzt man auf die beiden e des Zahlworts Akzente: één.
- Bei Zahlen wie tweeëndertig kommt ein Trema auf das dritte e: ë. Es signalisiert, dass nebeneinanderstehende Vokale getrennt ausgesprochen werden. Bei **tweeën**dertig hört man also twee (langes e), + en (kurzes ə) + dertig.

Aussprache

Es gibt drei Möglichkeiten, z. B. 1969 auszusprechen: negentiennegenenzestig (Jahr), negentienhonderdnegenzestig (Jahr oder Zahl), duizend negenhonderdnegenenzestig (Zahl).

Ordnungszahlen

REGEL Die Ordnungszahlen werden aus den Grundzahlen gebildet.

1.–19.:	Grundzahl + **-de**	twee**de**, vier**de**, zeventien**de**	Ausnahme: 1. eerste; 3. derde; 8. achtste
ab 20.:	Grundzahl + **-ste**	twintig**ste**, honderd**ste**	

Wenn man die Ordnungszahlen als Ziffern schreibt, steht kein Punkt (wie im Deutschen), stattdessen fügt man die Endungen **-de** bzw. **-ste** oder, verallgemeinernd, **-e** hinzu:

eerste: 1ste oder 1e   honderdste: 100ste oder 100e   negentiende: 19de oder 19e

Das Datum

REGEL Zur Angabe des Datums verwendet man im Niederländischen die **Grundzahlen**:
Het is vandaag **twee** september (2 september). *Heute ist **der zweite** September (2. September).*

! Nennt man den Monat nicht, verwendet man die Ordnungszahl:
op **de** derde *am Dritten*

1. Schreiben Sie die Zahlen in Ziffern.

a. tweeënnegentig ______
b. tweeduizend achtentachtig ______
c. negentienhonderdachtentachtig ______
d. een miljoen driehonderdduizend tweehonderdeenenveertig ______

2. Schreiben Sie die Zahl 1648 auf drei unterschiedliche Arten.

______
______
______

3. Setzen Sie das richtige Alter ein und schreiben Sie die Zahl aus. Wählen Sie aus:

18 | 12 | 4 | 8 | 5 | 17

a. In Nederland kun je naar de basisschool als je ______ jaar oud bent.
b. Leerplichtig ben je in Nederland als je ______ jaar oud bent.
c. De basisschool heeft ______ klassen, die groepen worden genoemd.
d. Je bent ongeveer ______ jaar als je de basisschool verlaat.
e. Als je ______ bent, mag je het rij-examen doen, zodat je auto of motor kunt rijden.
f. Ben je jonger dan ______ dan mag je geen alcohol kopen of bij je hebben.

4. Kreuzen Sie an: Grundzahl oder Ordnungszahl?

a. Ik ben jarig op ☐ zevenentwintig mei ☐ zevenentwintigste mei.
b. Ga je eigenlijk de ☐ achttien ☐ achttiende mee naar het concert?
c. Is het vandaag de ☐ achtentwintig ☐ achtentwintigste?
d. Nee joh, vandaag is het al ☐ negenentwintig september ☐ negenentwintigste september.

5. Schreiben Sie die Zahlen aus. Achten Sie auf eventuelle Tremas.

a. 52 ______
b. 43 ______
c. 21 ______
d. 33 ______

6. Wann sind Sie geboren? Schreiben Sie die Zahlen aus.

Ik ben geboren op ______

Wählen Sie die richtige Antwort.

Adverbien

1. Ik verdien … dan mijn vrouw.
   a) ☐ minder
   b) ☐ weiniger

2. Ik sport af en toe als ik tijd heb.
   a) ☐ Ik sport soms.
   b) ☐ Ik sport vaak.

Er

3. Ik woon in Zutphen.
   a) ☐ Er is het heel mooi.
   b) ☐ Daar is het heel mooi.

4. …. nog koffie?
   a) ☐ Geeft het
   b) ☐ Is er

5. Hoe lang werk je hier al?
   a) ☐ Ik werk er al vijf jaar.
   b) ☐ Daar werk ik al vijf jaar.

6. Ik ga met mijn dochter naar de stad.
   a) ☐ Ik ga ermee naar de stad.
   b) ☐ Ik ga met haar naar de stad.

7. Ik informeer je morgen over de plannen.
   a) ☐ Ik informeer je er morgen over.
   b) ☐ Ik informeer je morgen erover.

8. Ga je naar het museum?
   a) ☐ Ja, ik ga ernaartoe.
   b) ☐ Ja, ik ga er naartoe.

9. Hoeveel pennen heb je?
   a) ☐ Ik heb drie.
   b) ☐ Ik heb er drie.

10. Eén appel? Waarom koop je …
    a) ☐ er niet twee?
    b) ☐ daar niet twee?

Konjunktionen

11. Ik ga niet, want …
    a) ☐ ik ziek ben.
    b) ☐ ik ben ziek.

12. Ik hou … van kaas, maar ook van worst.
    a) ☐ niet alleen
    b) ☐ niet maar

13. 1. Ik heb geen tijd, dus ik kom niet.
    2. Ik heb geen tijd, dus kom ik niet.
    a) ☐ beide Sätze sind richtig
    b) ☐ Satz 1 ist richtig.

14. … ze moe is, gaat ze weg.
    a) ☐ Omdat
    b) ☐ Doordat

15. … ik thuis kwam, brandde het licht.
    a) ☐ toen
    b) ☐ als

16. Ik heb tijd nodig …
    a) ☐ daarmee ik kan denken.
    b) ☐ om te kunnen denken.

Indirekte Rede

17. Hij zei: „Ik heb geen geld“.
    a) ☐ Hij zei dat hij geen geld had.
    b) ☐ Hij zei dat hij geen geld heeft.

18. Ze antwoordde: „Dat is goed.“
    a) ☐ Ze antwoordde dat dat goed was.
    b) ☐ Ze antwoordde dat is goed.

Satzbau

19. Ik geef …
    a) ☐ aan Heico een compliment.
    b) ☐ Heico een compliment.

20. Ik heb dat niet …
   a) ☐ doen kunnen.
   b) ☐ kunnen doen.

21. 1. Fijn dat je bent gekomen.
   2. Fijn dat je gekomen bent.
   a) ☐ Beide Sätze sind richtig.
   b) ☐ Satz 2 ist richtig.

22. Het gaat nu niet, omdat ik …
   a) ☐ ben aan het eten.
   b) ☐ aan het eten ben.

23. Ik geloof …
   a) ☐ het gaat zo regenen.
   b) ☐ dat het zo gaat regenen.

24. Ik denk dat …
   a) ☐ koffie erop de tafel staat.
   b) ☐ er koffie op de tafel staat.

25. Ze wast zich niet graag met zeep.
   a) ☐ Ze wast zich er niet graag mee.
   b) ☐ Ze wast zich niet graag ermee.

26. Ik zal …
   a) ☐ er morgen op antwoorden.
   b) ☐ morgen erop antwoorden.

27. Dinsdag zal ik …
   a) ☐ er niet naar kunnen kijken.
   b) ☐ niet ernaar kunnen kijken.

Zahlen

28. 5380
   a) ☐ vijfduizenddriehonderdtachtig
   b) ☐ vijfduizend driehonderdtachtig

29. Vandaag is het …
   a) ☐ de tiende oktober
   b) ☐ tien oktober

30. Ik ben jarig in april. – Wanneer?
   a) ☐ de achtste
   b) ☐ acht

Vergleichen Sie nun Ihre Antworten mit den Lösungen auf Seite 129. Dieser Tabelle können Sie entnehmen, auf welches Kapitel sich jede Aufgabe bezieht. Wenn Sie eine Aufgabe nicht richtig gelöst haben, können Sie das entsprechende Kapitel wiederholen.

Aufgabe	Kapitel	Aufgabe	Kapitel	Aufgabe	Kapitel	Aufgabe	Kapitel	Aufgabe	Kapitel
1	40	7	42	13	44	19	47	25	49
2	40	8	42	14	45	20	47	26	49
3	41	9	43	15	45	21	48	27	49
4	41	10	43	16	45	22	48	28	50
5	41	11	44	17	46	23	48	29	50
6	42	12	44	18	46	24	49	30	50

1

1 b. ze-ker; c. ter-ras; d. van-daan; e. Ne-der-lands; f. plaats; g. zeg-gen; h. spre-ken; i. Oos-ten-rijk; j. pan-nen-koek
2 a. avond; b. –; c. vakantie; d. kopen; e. –; f. muziek; g. eten; h. –; i. natuurlijk; j. zaterdag; k. leren; l. mama
3 a. lang; b. lang; c. kurz; d. lang
4 b. denk; c. loop; d. studeer; e. woon
5 b. poten; c. theepotten; d. honden; e. peren
6 Richtig sind: a. rode; b. witte; c. zwarte; d. zure

2

1 a. Mevrouw van der Voort reist het liefst met haar Franse autootje. b. De afspraak met Karin de Groot is vandaag om 10 uur. c. Een Frans kaasje, Italiaanse wijn, een paar druiven en een Hollywood-film … heerlijk! d. Geert-Jan van der Waal is de leidinggevende van Mariska Pieters-de Groot.
2 a. blijf; b. bel; c. nies; d. verhuis; e. zit; f. plons
3 a. huizen; b. olijven; c. bazen; d. brieven
4 a. lieve; b. vieze; c. boze; d. grijze; e. Dove
5 a. Australië; b. kopiëren; c. financiële; d. ruïne; e. patiënt; f. beïnvloeden; g. koloniën; h. skiën; i. reëel

3

1 het-Wörter: meisje, terras, Nederlands, jaar, nummer, kopje; de-Wörter: morgen, trein, maand, auto, krant, moeder
2 a. De; b. De; c. de; d. Het; e. het; f. de
3 a. de fiets – 3. de auto; b. de stoel – 2. de tafel; c. de radio – 5. de televisie; d. het boek – 1. het tijdschrift; e. het huis – 4. de woning; f. het weer – 7. de zon; g. het strand – 6. de zee
4 a. Otto's; b. Dana's; c. Mareks; d. opa's; e. Claus'; f. Jos'
5 b. hond van Dana; c. kamer van Marek; d. cadeau van opa; e. fiets van Claus; f. vrouw van Jos

4

1 a. -en; b. -s; c. -'s
2 b. het huis; c. de meisjes; d. de man; e. de boeken; f. de tafels; g. het centrum; h. de politici; i. het museum; j. de historici
3 -s: moeders, tafels, computers; -en: ringen, stoelen, kranten, landen; -'s: menu's, colle-ga's, baby's
4 a. boeken; b. dochters; c. zussen; d. muizen; e. onduidelijkheden; f. pannen; g. musea; h. Politici; i. catalogi; j. Tulpen; k. thema's

5

1 a. falsch – kwartier; b. richtig; c. falsch – kilometer; d. falsch – kilo; e. richtig; f. richtig; g. richtig; h. richtig; i. falsch – uur
2 bladeren – het blad; kinderen – het kind; schepen – het schip; eieren – het ei; kilo-meters – de kilometer; wegen – de weg; steden – de stad; dagen – de dag
3 a. bladeren; b. wegen; c. dagen; d. schepen; e. leraars/ leraren; f. liter; g. broers, ooms; h. kinderen

6

1 dagje, weertje, zonnetje, kopje, krantje, bankje, vakantiehuisje, dochtertje, papiertje, tekeningetje, berichtjes, tabelletjes, grafiekjes, gezichtje, dochtertje, boompje, huisje, vakan-tiehuisje, koninginnetje, kroontje, strandje, wandelingetje, kunstwerkje, schatje, kusje, wangetje

2 -je: dagje, kopje, krantje, bankje, vakantiehuisje, berichtjes, grafiekjes, gezichtje, huisje, strandje, kunstwerkje, schatje, kusje; -tje: weertje, dochtertje, papiertje, kroontje; -etje: zonnetje, tekeningetje, tabelletjes, koninginnetje, wandelingetje, wangetje; -pje: boompje; -kje: –
Am häufigsten wird die Form -je verwendet.
3 b. auto; c. studentenwoning; d. tas; e. winkel; f. bezem
4 a. broodje; b. kopje; c. fotootje; d. dingetje; e. kamertje; f. kettinkje; g. potje, dekseltje

7

1 -e: agent – agente, dirigent – dirigente, journalist – journaliste, machinist – machinste; -oge: bioloog – biologe, patholoog – pathologe; -ster: cursusleider – cursusleidster, kapper – kapster, verkoper – verkoopster; -es: leraar – lerares, tekenaar – tekenares
2 a. Minister; b. kapper/kapster; c. regisseuse/regisseur; d. verkoper; e. leraar, agente/agent; f. dokter; g. cursusleidster/cursusleider
3 a. verkoper/verkoopster; b. verpleegkundige; c. dirigent/dirigente; d. agent/agente; e. groeteman/groentevrouw; f. acteur/actrice

8

1 b. het leuke kind, een leuk kind; c. het dunne boek, een dun boek; d. de zware emmer, een zware emmer; e. het mooie landschap, een mooi landschap; f. de lichte koffer, een lichte koffer; g. het witte blok, een wit blok; h. de lelijke foto, een lelijke foto; i. het stomme ongeluk, een stom ongeluk; j. de dikke man, een dikke man
2 a. lelijk; b. wit; c. stom; d. lichte; e. dunne
3 a. eerstejaars; b. gouden; c. gebakken; d. aangeboden; e. geplande; f. oranje
4 a. interessant; b. ruime; c. lichte; d. zonnig; e. grote; f. rose

9

1 dom, dommer, domst; duur, duurder, duurst; glad, gladder, gladst; goed, beter, best; groot, groter, grootst; mooi, mooier, mooist; weinig, minder, minst; zwaar, zwaarder, zwaarst
2 b. harder, rijker; c. warmer, minder; d. langer, lekkerder; e. vroeger, sneller; f. beter, duurder
3 a. goedkopere; b. lekkerder; c. minder; d. interessanter; e. sportievere; f. het meeste; g. het verste; h. donkerder; i. kleiner

10

1 a. dan; b. als; c. dan; d. dan; e. dan; f. als; g. dan; h. als; i. dan; j. als, als; k. dan
2 a. ouder dan; b. even groot / net zo groot; c. rijker dan; d. net zo veel schoenen als; e. minder dan
3 a. Goedkopere; b. lekkerste; c. beste; d. betere; e. minder; f. meer; g. lekkerder; h. duurdere; i. grootste

Test 1

1a, 2b, 3a, 4a, 5b, 6a, 7b, 8b, 9b, 10a, 11a, 12b, 13b, 14b, 15a, 16b, 17a, 18b, 19b, 20b, 21b, 22b, 23a, 24a, 25b, 26b, 27b, 28a, 29a, 30a

11

1 a. 2.; b. 3.; c. 4.; d. 5.; e. 1.
2 a. ik, ik, jij; b. Ik; c. jij/je; d. ik; e. hij; f. jij/je, Zij/Ze, zij/ze; g. Jullie; h. wij/we, je; i. jullie
3 a. man; b. man; c. du; d. man; e. du; f. man; g. du
4 a. Jij; b. jij/je; c. jij, jij/je; d. jij; e. jij/je; f. jij; g. je

12

1 a. jou/je; b. jou; c. hem; d. jou/je; e. jou/je; f. u; g. hen, jullie; h. ons, u; i. ons/mij; j. haar, hem, hen; k. jou/je
2 b. Nee, ik zie hen/ze niet vaak. c. Ja, je kunt de brief ook aan hen/ze geven. d. Ja, dat cadeau is voor jou. e. Nee, hij denkt niet vaak aan haar. f. Ja, ik kom naar jullie. g. Natuurlijk hou ik van jou! h. Nee, ik rij niet met hen/ze mee.
3 b. hun; c. hun; d. hen; e. hen; f. hun; g. hen

13

1 b. Zij is in haar kamer. c. Gerard is mijn vriend. d. Jullie kinderen spelen daar. e. Heeft u onze sleutel? f. Hun hond is zwart. g. Dit is uw pen.
2 a. zijn; b. jullie; c. jouw; d. hun; e. mijn
3 a. onze; b. onze; c. ons; d. ons; e. onze; f. onze; g. onze; h. onze; i. ons; j. onze
4 a. jouw; b. uw; c. Uw

14

1 a. 5.; b. 3.; c. 4.; d. 1.; e. 2.
2 a. Dit; b. Deze; c. dat; d. die; e. dat; f. Dat
3 a. Dat is nu eenmaal zo. b. Die heb ik al gekocht. c. Dat bespreken we later. d. Nee, dat is te duur. e. Ja, die heb ik hier. f. Naar dat vieze park?
4 a. die, dit/dat, deze; b. deze, dit, deze; c. deze, die; dit, dat; dit, dat; deze, die

15

1 a. het, het, zijn; b. hij, hem, zijn; c. zij/ze, haar, haar; d. ze, ze, hun
2 a. männlich; b. männlich; c. weiblich; d. weiblich; e. weiblich; f. männlich; g. männlich
3 a. het, het; b. Ze, hem/haar; hij/ze, hem/haar; c. hem, hem, hij, zijn; d. ze, Ze, hun, ze; e. haar, Ze, Haar; f. Ze, haar

16

1 a. me; b. me; c. me; d. me; e. me; f. zich; g. je; h. ons; i. zich; j. me; k. me; l. me; m. me; n. me; o. zich
2 b. Wij verheugen ons zeer op onze vakantie. c. Jullie moeten je in het thema verdiepen. d. Jij kleedt je altijd zo chic. e. Zij wast zich altijd met ijskoud water.
3 a. 3.; b. 5. zich; c. 1.; d. 6. zich; e. 4.; f. 2. me
4 a. met elkaar; b. elkaar; c. door elkaar; d. bij elkaar; e. aan elkaar

17

1 a. dat; b. die; c. die; d. dat; e. die; f. dat; g. die; h. die; i. die
2 b. De show die nu op televisie is, is echt absurd. c. De zanger die hartstikke vals zingt, ken ik niet. d. Het meisje dat daar zit, is mijn dochter. e. De prinses die vandaag is geboren, heet Charlotte. f. Ik schrijf een boek dat in de zomer af moet zijn.
3 a. die; b. wat; c. die; d. dat; e. die; f. die; g. wat; h. die; i. dat; j. die; k. die; l.wat

18

1 b. Het kind op wie ik moet passen; c. De jongen met wie ik naar het feest ga; d. De vrouw aan wie ik het boek geef; e. De zus op wie ik lijk; f. De arts naar wie ik ga
2 a. waarnaar; b. waarvoor; c. waarover; d. waarin; e. waarvan
3 a. waar ik naar geïnformeerd heb; b. waar ik voor uitgenodigd ben; c. waar ik je iets over wil vertellen; d. waar ik in rijd; e. waar ik niet veel van begrijp
4 aan wie; over wie; waarover; waarvoor; waarover

19

1 a. niets; b. iemand; c. Iedereen; d. een paar; e. enkel; f. niemand
2 a. Alle, 5.; b. Niets, 1.; c. Ieder, 2.; d. Vele, 4.; e. Iemand, 3.
3 a. Sommigen; b. Sommige; c. Alle; d. Velen; e. Enkele, enkele; f. Elke
4 a. enige; b. enkele; c. elke/iedere; d. Sommige; e. verschillende; f. ieder/elk; g. iemand; h. niets; i. alle

20

1 a. Wat/Hoeveel, 4.; b. wie, 6.; c. Welke, 2.; d. Waarom, 3.; e. Waar, 1.; f. Wat, 5.
2 a. Wat, Amsterdam; b. Welke, Brussel; c. Wanneer, op 27 april; d. Wie, Rembrandt; e. Hoeveel, bijna 200 km; f. Hoe, Afsluitdijk
3 b. Wat heeft zij? c. Welke boeken heeft hij gelezen? d. Waar gaat zij naartoe? e. Wanneer begint het programma?
4 a. Wanneer komt Petra? b. Hoe gaat Hans naar huis? c. Welke bus gaat/rijdt naar Aken?

21

1 a. op; b. in; c. om; d. over; e. tot; f. door
2 op, in, naar, met, aan
3 a. naar; b. naar; c. Na; d. Na; e. na; f. naar, naar
4 a. mee; b. Met; c. met; d. mee; e. mee; f. met
5 a. van mij; b. naar school; c. van hout; d. op kantoor; e. naar een concert; f. in het café; g. in gesprek; h. op tijd

22

1 … en heerlijk van zon, zee en sangria ga genieten; … van harte voor dat feest uitgenodigd …; ik heb er echt zin in …
2 a. 8.; b. 5.; c. 7.; d. 2.; e. 1.; f. 4.; g. 3.; h. 6.
3 a. in; b. naar; c. met; d. op; e. voor
4 a. vakantie; b. ijsje; c. rij-examen; d. moeder; e. collega's; f. Frank

Test 2

1a, 2b, 3b, 4a, 5a, 6b, 7b, 8a, 9a, 10a, 11a, 12b, 13b, 14b, 15a, 16b, 17a, 18a, 19b, 20b, 21a, 22a, 23b, 24a, 25b, 26a, 27a, 28b, 29b, 30b

23

1

	Silben	Vok.	roher Stamm	Vok.	Stamm
b.	fiet-sen	lang	fiets	lang	fiets
c.	ho-ren	lang	hor	kurz	hoor
d.	we-ten	lang	wet	kurz	weet
e.	mer-ken	kurz	merk	kurz	merk
f.	bin-den	kurz	bind	kurz	bind
g.	brou-wen	lang	brouw	lang	brouw
h.	ma-ken	lang	mak	kurz	maak
i.	ver-ge-ten	lang	verget	kurz	vergeet

2 a. staak; b. begin; c. geloof; d. bewijs; e. bewerk; f. kies; g. praat; h. zit; i. strijk; j. ken
3 a. plas; b. blijf; c. bloos

24

1 Ik hou(d) van Peter!; Frans houdt van Siska; Ik hou(d) van jou; Hou(d) jij van mij, lieve René?
2 a. ik breek, jij breekt, julie breken; b. ik geloof, zij gelooft, wij geloven; c. ik ga, jij gaat, jullie gaan; d. ik doe, het doet, wij doen; e. ik verbaas, jij verbaast, jullie verbazen; f. ik geef, het geeft, wij geven
3 a. gaat; b. vind: c. werk; d. dansen; e. fietst; f. vindt
4 a. lig; b. denk; c. ga; d. moet; e. maak; f. doe; g. begrijp, slaap; h. zegt; i. hoor; j. slapen

25

1 jij bent, jullie zijn; jij hebt, u hebt, wij hebben; ik kom, u komt, hij/zij/het komt, zij komen
2 a. ben je; b. heb je; c. heb je; d. ben je e. ben je; f. kom je; g. heb je; h. heb je
3 a. Ben/Kom; b. ben/ kom; c. heeft; d. ben; e. Heb; f. heeft; g. ben; h. Komen; i. komt, heeft; j. is; k. Heb; l. komt; m. ben/kom; n. ben

26

1 a. opstaan, trennbar; b. uitgaan, trennbar; c. herinneren, untrennbar; d verhuizen , untrennbar; e. ontvangen, untrennbar; f. verwoesten, untrennbar; g. nadenken, trennbar
2 b. Mijn hond loopt altijd weg. c. Hij komt gelukkig altijd weer terug. d. Ik werk de hele nacht door. e. In het weekend slaap ik altijd uit. f. Jij ruimt zelf de keuken op! g. Ze droogt haar baby liefdevol af.
3 a. Ik haal je dan van het station op. b. Dit om misverstanden te voorkomen. c. Ik sta om half acht op. d. Slaap jij maar lekker uit. Ik douch dan snel, e. kleed me aan, f. drink mijn koffie op … en dan g. ga ik hopelijk heel stilletjes weg, zodat jij nog kunt h. doorslapen. Ik i. kom ongeveer om drie uur weer terug. j. Stofzuig jij eigenlijk graag? k. Of was je graag af? l. Ik stel voor dat we ’s avonds gezellig uitgaan. Misschien m. overtuig ik je dan nog wel …

27

1 a. Je moet voorzichtig rijden. b. Zullen we naar de bioscoop? c. Zal ik Birgit vragen?
2 a. Du darfst Auto fahren. b. Ich werde da sein. c. Das wird repariert werden.
3 a. kunt/kan; b. kan/kunt; c. kan; d. kan; e. Kan/Kun; f. Kunt/Kan
4 a. hoeft; b. moet, kan; c. Zal; d. hoeft; e. moet; f. hoef; g. zullen/kunnen
5 a. Dat hoef je niet te doen. b. Ik wil graag twee kopjes koffie (hebben). c. Hier mag je 130 km/h rijden. d. De band zal op 10 mei komen. e. Zullen we iets gaan drinken? f. Ik wil naar huis. Wil je ook naar huis?

28

1 b. Ik loop over mijn nieuwe werk te denken. c. Hij is de woonkamer aan het schilderen. d. Marianne heeft gister in de keuken spaghetti staan koken. e. Mario zit naar zijn favoriete muziek te luisteren. f. Ik heb al zo lang op jou in de kou staan wachten. g. Mijn man ligt ’s nachts altijd vreselijk te snurken.
2 b. Hij is aan het tennissen. c. Hij is een brief aan het schrijven. d. Zij is een e-mail aan het schrijven.
3 b. Zij staan op de taxi te wachten. c. Zij zit een boek te lezen. d. Hij staat zijn auto te wassen. e. Zij staan met elkaar te praten.

29

1 a. -te(n); b. -de(n)
2 a. aai, i, de(n); b. luister, r, de(n); c. hijg, g, de(n); d. haast, t, te(n); e. til, l, de(n); f. begeleid, d, de(n); g. zakken, k, te(n)
3 a. wandelde; b. probeerde; c. waaide; d. hoorde; e. huilde; f. jammerde; g. haastte; h. parkeerde; i. laadde in; j. ergerde; k. luisterde; l. handelde; m. controleerde; n. hijgde; o. pakte; p. maakte; q. negeerde; r. tilde; s. hoopte; t. aaide; u. likte; v. ademde (diep) in; w. veranderde; x. zakte; y. stroomde; z. pakte; ab. bedankte

30
1 a. fiets; b. beloof; c. durf; d. verbaas; e. vis; f. nies; g. omhels
2 a. fietste; b. beloofde; c. durfde; d. verbaasde; e. viste; f. niesde; g. omhelsde
3 a. durfde; b. beloofde; c. hoefden; d. verbaasden; e. omhelsde; f. niesde; g. leefden; h. graasden
4 a. verbaasde; b. beloofde; c. verhuisden; d. overleefde; e. omhelsden; f. niesde

Test 3
1a, 2b, 3a, 4b, 5b, 6b, 7a, 8a, 9b, 10a, 11b, 12a, 13a, 14a, 15b, 16b, 17a, 18a, 19a, 20a, 21b, 22a, 23a, 24b, 25a, 26a, 27a, 28b, 29b, 30b

31
1 a. geluisterd; b. gedemonstreerd; c. geleerd; d. aangekleed; e. gewacht; f. onthaard; g. geplant; h. gemaakt
2 c. gewekt; a. gedoucht; f. afgedroogd, gekamd; d. gemaakt; b. gerend; e. gemist
3 b. Ik heb haar vanmorgen al een mail gestuurd. / Ik heb haar al vanmorgen een mail gestuurd. c. Ze hebben het een half uur geleden geleverd. d. Ja, dat heb je al zo vaak verteld. e. Nee, ik heb helemaal niets gehoord. f. Ik heb haar al zolang niet meer gebeld.

32
1 a. ben; b. heb; c. is; d. ben; e. ben; f. heeft: g. heeft; h. ben.
2 b. Janneke heeft een uur op de gracht geschaatst. c. Pieter heeft een kwartier door het bos gerend. d. Stef is snel naar huis gerend. e. Opa heeft heerlijk door het park gewandeld. f. We zijn met de kinderen naar de ijszaak gewandeld. g. Ik ben naar de top van de berg geklommen. h. Hij is naar de dokter gestrompeld. i. Ik ben met veel moeite de trap op gelopen. j. Ik heb de hele dag verward door de stad gelopen.
3 a. Ik ben naar huis gelopen. b. Zij heeft een uur gefietst. c. Wanneer ben je begonnen? e. Ben je naar de bakker gelopen? e. Ik heb een uur gejogd. f. Ik heb helaas niet gezwommen. g. Ben je met sport opgehouden?

33
1 a. had, 4.; b. zei, was, 1.; c. waren, 3.; d. moest, 2.
2 a. Ik heb gister(en) 50 euro gevonden. b. Heb je goed geslapen? c. Ben je naar huis gegaan? d. Heb je het boek al gelezen? e. Wat heb je gezegd? f. Wat heb je in het weekend gedaan?
3 Om 9 uur heeft ze de hond van H. uitgelaten. Om 10 uur heeft ze met Petra ontbeten. Om 14 uur heeft ze met Eef over de vakantie gesproken. Om 19 uur heeft ze bij Marco gegeten.
4 a. hadden; b. deed; c. vond; d. las; e. sliep; f. was; g. viel

34
1 a. heeft; b. bezocht; c. kwam; d. bekeek; e. bezocht; f. was; g. zwaaide; h. was
2 a. heeft gebeld; b. leefde; c. heb gekocht; d.was; e. heb gedragen; f. binnenkwam
3 Het Nederlandse hockeyteam heeft in de wedstrijd tegen Australië de halve finale bereikt. De Nederlandse vrouwen waren te sterk voor hun dapper vechtende Australische tegenspeelsters. Al snel scoorde Dirkse-Van den Heuvel het eerste punt. Lynch was kansloos. Binnen de minuut zorgde Paumen voor de 2-0. Een fout van de Australische Dwyer maakte het Zerbo mogelijk het derde punt te scoren. Slattery greep haar kans en maakte het enige doelpunt voor Australië. Maar Welten liet het niet op zich zitten en

scoorde de 4-1. Ook het vijfde doelpunt kon de Australische keepster niet houden. Een fantastische wedstrijd.

35

1 a. had gehad; b. ben, was, ben geweest, was geweest; c. woon, woonde, heb gewoond, had gewoond; d. vergeet, vergat, ben vergeten, was vergeten; e. doe, deed, heb gedaan, had gedaan; f. begin, begon, ben begonnen, was begonnen; g. ga, ging, ben gegaan, was gegaan
2 a. 3.; b. 6.; c. 2.; d. 4.; e. 5.; f. 7.; g. 1.
3 a. 2., had geslapen; b. 3., was gevlucht; c. 1., had ingepakt; d. 4., had gestrooid
4 a. Ik begreep de oefening pas, nadat mijn vriend alles had uitgelegd. b. Moeder gaf hem een beloning, nadat hij zijn kamer had opgeruimd. c. Toen ik gedoucht had voelde ik me een ander mens.

36

1 a. zal; b. ga; c. zal; d. zal; e. ga
2 b. Op dinsdag gaat zij om 10 uur naar de tandarts en heeft ze om 20 uur een verjaardagsfeest van Lika. c. Op donderdag heeft ze om 9 uur tennisles, daarna gaat ze van 13 tot 17 uur naar kantoor. d. Op vrijdag drinkt ze koffie met haar Mam / haar moeder, van 13 tot 17 uur werkt ze op kantoor. e. Op zaterdag gaat ze met Naomi naar het strand.
3 b. Zij zullen wel gedacht hebben dat iedereen dat zo doet. c. Dat werk zullen we volgende week precies op tijd hebben gedaan. d. Hij zal zijn fiets wel ergens anders neergezet hebben.
4 a. U zult het wel hebben gezien: We hebben vele nieuwe producten. b. Ja Mama, ik zal mijn kamer opruimen als ik tijd heb. c. Wat ga je morgen eigenlijk doen? / Wat doe je eigenlijk morgen?

37

1 a. Maakt u; b. Gaat u; c. Parkeert u; d. Gaat u; e. Volgt u; f. Stapt u; g. Rijdt u; h. Stapt u; i. Loopt u; j. Houdt u
2 b. Druk dan op het knopje „thee“ of „koffie“. c. Pak een bekertje uit het vak. d. Zet dat bekertje onder in het apparaat. e. Druk op de startknop. f. Wees voorzichtig: het drankje is heet!
3 a. Ga, 4.; b. Zoek, 2.; c. Komt, 5.; d. Breng, 3.; e. Was, 1.

38

1 a. 5; b. 1; c. 2; d. 6; e. 3; f. 4
2 a. ging ik naar een dokter. b. was ik ook vast iets slanker. c. ging ik in dat restaurantje iets eten. d. moest ik daar ook goed voor zorgen. e. stopte ik direct met werken. f. was ik de volgende dag veel fitter.
3 b. Hij zou dit weekend graag willen gaan zeilen. c. Ik zou graag een betere conditie willen hebben. d. Ik zou je graag willen zien.
4 a. Ik zou direct zijn gekomen. b. Zou u alstublieft hier kunnen tekenen? c. Het zou zo makkelijk zijn geweest. d. Zou u het nog een keer willen horen? e. Als ik het zou weten, zou ik het zeggen. / Als ik het wist, zei ik het. f. Het zou morgen heet kunnen worden. g. Je zou beter thuis kunnen blijven.

39

1 a. De koning is hartelijk ontvangen. b. Het museum zal over twee maanden worden geopend. c. De film werd gister bekroond met een Oscar. d. De acteur Jeroen Blijke is tot de slechtst geklede man gekozen.
2 b. Het gebouw wordt geopend door de koningin. c. De scholieren werden geroepen door de leraar. d. De criminelen waren gearresteerd door de politie. e. Mijn haar is

geknipt door de kapper. f. De verwarming zou gerepareerd worden door de monteur.
3 b. De leerling wordt door de leraar met de moeilijke oefening geholpen. c. Over het nieuwe plan wordt vanmiddag door de regering gesproken. d. Vragen werden door de journalist aan de minister-president gesteld. e. De heerlijke appeltaart is door mijn moeder gebakken. f. De nieuwe laptop wordt door hem gekocht. g. Tegen het kappen van de bomen wordt door de mensen gedemonstreerd. h. Romeo & Julia werd door Shakespeare waarschijnlijk in 1594 geschreven.

Test 4

1b, 2b, 3a, 4a, 5a, 6a, 7b, 8a, 9b, 10a, 11a, 12b, 13b, 14b, 15a, 16a, 17a,18b, 19a, 20a, 21b, 22a, 23b, 24a, 25b, 26b, 27a, 28b, 29a, 30a

40

1 b. Gisteren; c. Morgen; d. Eergisteren; e. Overmorgen; f. Vandaag; g. Morgen; h. Gisteren; i. Overmorgen; j. Eergisteren
2 a. nooit; b. vaak; c. veel; d. slecht
3 goed: a. goed; b. beste; c. beter; graag: a. graag; b. liever; c. het liefst; weinig: a. weinig; b. minder; c. minder; d. weinig; e. het minst

41

1 a. falsch; b. richtig; c. richtig; d. richtig; e. falsch
2 a. daar; b. er; c. er; d. er; e. daar; f. er; g. daar; h. daar; i. er
3 a. Er is een klein …; b. Je kunt er zulke heerlijke …; c. Ik ga er vaak …; d. Er zijn niet zoveel tafeltjes, dat maakt het (er) juist gezellig. e. … week is er toch …; f. … wat er aan de hand is …; g. Er zaten champignons …, en er lag een halve …; h. –; i. Er kwamen meteen …; j. Ik zal er zeker …. De pasta is (er) zo ontzettend lekker; k. En er zijn …

42

1 b. Ben jij er ook voor uitgenodigd? c. Hij houdt er heel erg van. d. Rijd je er helemaal mee naar Spanje? e. Ja, natuurlijk rij ik er met die oude auto naartoe. f. Mijn vader luistert er graag naar.
2 a. –; b. O, ik heb er veel over gehoord. c. –; d. Nou … eh … ik vind dat het er een beetje modern uitziet. e. –; f. Nee, eerlijk gezegd hou ik er niet zo van, nee. g. Nou, maar mijn vader is er erg trots op!
3 Ze moet ernaar op zoek gaan. Ze moet ernaartoe gaan om alles te checken. Ze moet er vragen over stellen. Ze moet ernaar luisteren. Ze moet de adressen erop zetten. Ze moet ermee naar de garage. Ze moet er Annick om vragen.

43

1 b. Mijn zus heeft er twee. c. In mijn kast staan er veel. d. Ik heb er nog genoeg die ik kan lezen. e. Ik heb er gister tien gekocht. f. Ze gaat er morgen met haar vriend naartoe. g. Wat moet ik ermee?
2 a. Hij had er lang over nagedacht … b. Kijk daar staan er heel veel. c. Ik heb er vandaag al vier gegeten. d. … maar ik heb er vandaag nog geen een gevonden. e. Hij ging er naartoe. f. Ik heb er nog nooooooooit van gehoord.
3 Hoe zien de kleine baby-aapjes er in de dierentuin op dit moment uit? Om een antwoord op deze vraag te vinden zijn we in de auto gestapt en ernaartoe gereden. Er waren meer mensen op dit grandioze idee gekomen. Ik denk dat er wel 300 mensen in de rij voor de kassa stonden. We hebben er een uur gestaan. Er stonden zoveel mensen

voor het apenhok, dat we de aapjes eerst niet konden zien. Er ging een vrouw met twee kinderen weg en toen hadden we vrij zicht. Wat een schatjes! Zo lief, ze zagen eruit als kleine baby'tjes. Nienke vond ze fantastisch. Ze praat er nu nog steeds over!

44

1 a. en; b. noch, noch; c. en, en; d. want
2 a. om alles voor je te organiseren. b. kijk nu maar niet zo verbaasd. c. je wilt ook helemaal niet werken. d. de hele morgen uitslapen. e. ik ga bij je weg.
3 a. en; b. maar; c. dus; d. of; e. of; f. Zowel; g.als; h. want; i. niet alleen; j. maar ook; k. dus; l. Noch; m. noch
4 a. Het product is er zowel in België als in Nederland. / Het product is er en in België en in Nederland. b. Of je leert veel, of je haalt het examen niet.

45

1 a. 2.; b. 3.; c. 5.; d. 1.; e. 4.
2 a. Terwijl de kinderen lagen te slapen hebben mijn man en ik naar een film gekeken. b. Sinds ik jou ken is het leven een stuk leuker geworden. c. Ik zet morgen zeven wekkers zodat ik op tijd kom. d. Ik begrijp echt niet hoe je zoiets kunt zeggen. e. Hoewel ik tien uur heb geslapen ben ik vandaag doodmoe.
3 a. Doordat; b. dat; c. Hoewel; d. Terwijl; e. Omdat; f. Sinds

46

1 b. wat je daar gedaan hebt. c. waarom je niet gebeld hebt. d. of je aan me gedacht hebt. e. of je van me houdt.
2 a. dat ze in hun huis is geweest. b. dat de plantjes dringend water nodig hadden. c. dat ze ze dus maar goed gegoten heeft. d. dat ze zoveel post hebben gekregen. e. dat ze alles op een stapel op de tafel heeft gelegd. f. dat er verder niets belangrijks bij zat. g. hoe het met haar gaat. h. of zij weer beter is. i. of zij lekker heeft gezwommen. j. of hij genoeg heeft geslapen in de vakantie. k. wanneer ze weer teruggaan.
3 b. Hij zei dat hij ook graag naar school gaat. c. Zij/Hij vroeg of Wim dat eigenlijk al gedaan had. d. Zij antwoordden dat ik dat moest/ moet doen. e. Zij vraagt wie de grote koffer meeneemt. f. John vraagt wanneer hij de indirecte rede moet gebruiken.

47

1 a. Ik ga een cadeautje voor Ans kopen. / Ik ga voor Ans een cadeautje kopen. b. Vrijdag wil mijn moeder op bezoek komen. c. Wanneer komt de nieuwe film in de bioscoop? d. Ik zal het recept van de lekkere taart naar jou opsturen. / Ik zal het recept van de lekkere taart opsturen naar jou.
2 b. Ik zou u graag in een persoonlijk gesprek een paar vragen willen stellen. / Een paar vragen zou ik u graag in een persoonlijk gesprek willen stellen. / In een persoonlijk gesprek zou ik u graag een paar vragen willen stellen. c. Het cadeautje heb ik helaas nog niet aan Marieke kunnen geven. / Helaas heb ik het cadeautje nog niet aan Marieke kunnen geven. / Aan Marieke heb ik het cadeautje helaas nog niet kunnen geven. d. Tijdens uw verblijf kunt u gratis van ons wellness-aanbod gebruik maken. / Gratis kunt u tijdens uw verblijf van ons wellness-aanbod gebruik maken. / Van ons wellness-aanbod kunt u tijdens uw verblijf gratis gebruik maken.

3 a. Ik heb geen woord kunnen zeggen. b. Ik heb dat nog nooit moeten/hoeven doen. c. Ik heb het huis in 1992 kunnen laten bouwen. d. Hoe heb je hem dat kunnen zeggen?

48

1 a. Satz 1 und 2 sind beide richtig. b. Nur Satz 1 ist richtig. c. Nur Satz 1 ist richtig. d. Nur Satz 2 ist richtig. e. Nur Satz 2 ist richtig.
2 a. Ik vind dat je dat goed gedaan hebt. b. Ik ga weg, want ik heb vrij. c. Ik denk dat dat niet klopt. d. Ik geloof dat hij dat niet heeft kunnen zeggen. e. Het spijt me dat ik dat heb moeten zeggen.

49

1 a. Er is een ongeluk gebeurd. b. Er is een vreselijk ongeluk gebeurd. c. Er is op het kruispunt een vreselijk ongeluk gebeurd. / Er is een vreselijk ongeluk op het kruispunt gebeurd. d. Op het kruispunt is er een vreselijk ongeluk gebeurd. e. Gisteren is er op het kruispunt een vreselijk ongeluk gebeurd. / Gisteren is er een vreselijk ongeluk op het kruispunt gebeurd.
2 a. Hoewel ik huiswerk maken niet erg vind, heb ik er nu geen zin in. b. Ik zal er vanmiddag vier kopen. c. Ik zal erover nadenken. d. Mijn broer gaat er volgend jaar naartoe. e. Mijn moeder kan er absoluut niet mee werken.
3 a. Ik zal er morgen over moeten spreken. b. Ik zal erover spreken. c. We hebben nog één brood. Je zal/zult er nog twee moeten kopen. d. Er is een goed grammaticaboek voor Nederlands. e. De „Power-Grammatik"? Ja, ik heb er heel goed Nederlands mee geleerd!

50

1 a. 92; b. 2088; c. 1988; d. 1300241
2 duizend zeshonderdachtenveertig; zestienhonderdachtenveertig; zestienachtenveertig
3 a. vier; b. vijf; c. acht; d. twaalf; e. zeventien; f. achttien
4 a. zevenentwintig mei; b. achttiende; c. achtentwintigste; d. negenentwintig september
5 a. tweeënvijftig; b. drieënveertig; c. eenentwintig; d. drieëndertig
6 Freie Antwort: Ik ben geboren op … *(Grundzahl)* … (*Monat:* januari, februari, maart, april, mei, juni, juli, augustus, september, oktober, november, december) … *(Jahr)*.
Beispiel für eine Lösung: Ik ben geboren op zesentwintig april negentienachtenzeventig.
Ich bin am 26. April 1978 geboren.

TEST 5

1a, 2a, 3b, 4b, 5a, 6b, 7a, 8a, 9b, 10a, 11b, 12a, 13a, 14a, 15a, 16b, 17a, 18a, 19b, 20b, 21a, 22b, 23b, 24b, 25a, 26a, 27a, 28b, 29b, 30a

Unregelmäßige Verben

Wie man die Verbformen bildet, sehen Sie in den folgenden Kapiteln:
Präsens → 24, 25, 27
Imperfekt → 29, 30, 33
Perfekt → 31-33
Plusquamperfekt → 35
Futur → 36
Imperativ → 37
Konjunktiv/Konditional → 38

Liste unregelmäßiger Verben

Diese Liste enthält die wichtigsten unregelmäßigen Verben. Von den hier genannten Formen können Sie alle anderen Formen ableiten. Bei den Verben, die das Perfekt mit zijn bilden, haben wir ben dazugesetzt. Alle anderen Verben bilden das Perfekt mit hebben. Zu den Verben, die das Perfekt mit zijn oder hebben bilden können → Lektion 32.

Infinitiv	Stamm	Imperfekt (Sg, Pl)	Partizip Perfekt
bakken *backen*	bak	bakte, bakten	gebakken
beginnen *beginnen, anfangen*	begin	begon, begonnen	ben begonnen
begrijpen *begreifen, verstehen*	begrijp	begreep, begrepen	begrepen
bevelen *befehlen*	beveel	beval, bevalen	bevolen
bieden *bieten*	bied	bood, boden	geboden
bijten *beißen*	bijt	beet, beten	gebeten
blijken *sich herausstellen*	blijk	bleek, bleken	is gebleken
blijven *bleiben*	blijf	bleef, bleven	ben gebleven
breken *brechen*	breek	brak, braken	gebroken
brengen *bringen*	breng	bracht, brachten	gebracht
denken *denken*	denk	dacht, dachten	gedacht
doen *machen, tun*	doe	deed, deden	gedaan
dragen *tragen*	draag	droeg, droegen	gedragen
drinken *trinken*	drink	dronk, dronken	gedronken
drijven *treiben*	drijf	dreef, dreven	gedreven
dwingen *zwingen*	dwing	dwong, dwongen	gedwongen
eten *essen*	eet	at, aten	gegeten
gaan *gehen*	ga	ging, gingen	ben gegaan
gelden *gelten*	geld	gold, golden	gegolden
genieten *genießen*	geniet	genoot, genoten	genoten
geven *geben*	geef	gaf, gaven	gegeven

gieten *gießen*	giet	goot, goten	gegoten
grijpen *greifen*	grijp	greep, grepen	gegrepen
hangen *hängen*	hang	hing, hingen	gehangen
hebben *haben*	heb	had, hadden	gehad
helpen *helfen*	help	hielp, hielpen	geholpen
heten *heißen*	heet	heette, heetten	geheten
hoeven; niet hoeven *brauchen, nötig sein; nicht brauchen, nicht müssen*	hoef	hoefde, hoefden	gehoeven/gehoefd
houden *halten*	houd	hield, hielden	gehouden
kiezen *wählen, auswählen*	kies	koos, kozen	gekozen
kijken *sehen, kucken*	kijk	keek, keken	gekeken
klinken *klingen*	klink	klonk, klonken	geklonken
komen *kommen*	kom	kwam, kwamen	ben gekomen
kopen *kaufen*	koop	kocht, kochten	gekocht
krijgen *kriegen, bekommen*	krijg	kreeg, kregen	gekregen
kunnen *können*	kun (*aber:* ik kan → 27)	kon, konden	gekund
laten *lassen*	laat	liet, lieten	gelaten
lachen *lachen*	lach	lachte, lachten	gelachen
lezen *lesen*	lees	las, lazen	gelezen
liggen *liegen*	lig	lag, lagen	gelegen
lijden *leiden*	lijd	leed, leden	geleden
lijken *gleichen, ähneln, scheinen*	lijk	leek, leken	geleken
lopen *laufen, gehen*	loop	liep, liepen	ben/heb gelopen
meten *messen*	meet	mat, maten	gemeten
mijden *meiden*	mijd	meed, meden	gemeden
moeten *müssen*	moet	moest, moesten	gemoeten
mogen *dürfen*	mag	mocht, mochten	gemogen
nemen *nehmen*	neem	nam, namen	genomen
raden *raten*	raad	raadde, raadden / ried, rieden	geraden
rijden *fahren, reiten*	rijd	reed, reden	ben/heb gereden
roepen *rufen*	roep	riep, riepen	geroepen
ruiken *riechen*	ruik	rook, roken	geroken

schelden *schimpfen*	scheld	schold, scholden	gescholden
schenken *schenken*	schenk	schonk, schonken	geschonken
schijnen *scheinen*	schijn	scheen, schenen	geschenen
schrijven *schreiben*	schrijf	schreef, schreven	geschreven
slaan *schlagen*	sla	sloeg, sloegen	geslagen
slapen *schlafen*	slaap	sliep, sliepen	geslapen
sluiten *schließen*	sluit	sloot, sloten	gesloten
snijden *schneiden*	snijd	sneed, sneden	gesneden
spijten *leidtun*	spijt	speet, speten	gespeten
spreken *sprechen*	spreek	sprak, spraken	gesproken
springen *springen*	spring	sprong, sprongen	ben gesprongen
staan *stehen*	sta	stond, stonden	gestaan
steken *stechen*	steek	stak, staken	gestoken
stelen *stehlen*	steel	stal, stalen	gestolen
sterven *sterben*	sterf	stierf, stierven	ben gestorven
stinken *stinken*	stink	stonk, stonken	gestonken
trekken *ziehen, wandern*	trek	trok, trokken	getrokken
vallen *fallen, stürzen*	val	viel, vielen	ben gevallen
vangen *fangen*	vang	ving, vingen	gevangen
varen *fahren*	vaar	voer, voeren	ben/heb gevaren
vergeten *vergessen*	vergeet	vergat, vergaten	ben vergeten
verdwijnen *verschwinden*	verdwijn	verdween, verdwenen	ben verdwenen
vergelijken *vergleichen*	vergelijk	vergeleek, vergeleken	vergeleken
verliezen *verlieren*	verlies	verloor, verloren	verloren
verzinnen *ausdenken*	verzin	verzon, verzonnen	verzonnen
vinden *finden, meinen*	vind	vond, vonden	gevonden
vliegen *fliegen*	vlieg	vloog, vlogen	ben/heb gevlogen
vragen *fragen*	vraag	vroeg, vroegen	gevraagd
waaien *wehen*	waai	woei, woeien – waaide, waaiden	gewaaid
wassen *waschen*	was	waste, wasten	gewassen
wegen *wiegen*	weeg	woog, wogen	gewogen
werpen *werfen*	werp	wierp, wierpen	geworpen
weten *wissen*	weet	wist, wisten	geweten
wijzen *weisen, zeigen*	wijs	wees, wezen	gewezen

willen *möchten, wollen*	wil	wou, wou(d)en *(informell)* wilde, wilden	gewild
winnen *gewinnen*	win	won, wonnen	gewonnen
worden *werden*	word	werd, werden	ben geworden
zeggen *sagen*	zeg	zei, zeiden	gezegd
zien *sehen*	zie	zag, zagen	gezien
zijn *sein*	(ik ben)	was, waren	ben geweest
zingen *singen*	zing	zong, zongen	gezongen
zitten *sitzen*	zit	zat, zaten	gezeten
zoeken *suchen*	zoek	zocht, zochten	gezocht
zullen *sollen, werden*	zul (*aber*: ik zal → 27)	zou, zouden	(gezuld)
zwemmen *schwimmen*	zwem	zwom, zwommen	ben/heb gezwommen

Zahlen

Hier finden Sie die Grund- und Ordnungszahlen. Mehr zu ihrem Gebrauch lesen Sie in Kapitel 50.

Grundzahlen

0	nul						
1	een	11	elf	21	eenentwintig	101	honderd(en)een
2	twee	12	twaalf	22	tweeëntwintig	102	honderd(en)twee
3	drie	13	dertien	30	dertig	…	…
4	vier	14	veertien	40	veertig	200	tweehonderd
5	vijf	15	vijftien	50	vijftig	300	driehonderd
6	zes	16	zestien	60	zestig	400	vierhonderd
7	zeven	17	zeventien	70	zeventig	…	…
8	acht	18	achttien	80	tachtig	1000	duizend
9	negen	19	negentien	90	negentig	2000	tweeduizend
10	tien	20	twintig	100	honderd	2016	tweeduizend zestien

Ordnungszahlen

1(st)e	eerste	11de	elfde	21ste	eenentwintigste
2de	tweede	12de	twaalfde	22ste	tweeëntwintigste
3de	derde	13de	dertiende	30ste	dertigste
4de	vierde	14de	veertiende	40ste	veertigste
5de	vijfde	15de	vijftiende	50ste	vijftigste
6de	zesde	16de	zestiende	60ste	zestigste
7de	zevende	17de	zeventiende	70ste	zeventigste
8ste	achtste	18de	achttiende	80ste	tachtigste
9de	negende	19de	negentiende	90ste	negentigste
10de	tiende	20ste	twintigste	100ste	honderdste

Die Zahlen verweisen auf das entsprechende Kapitel.

R

S

Glossar

In dieser Vokabelliste finden Sie die Übersetzungen der auf den Übungsseiten vorkommenden niederländischen Wörter. Die deutschen Übersetzungen entsprechen dem Kontext, in dem die Wörter in den Übungen verwendet werden. Bei einigen Wörtern mit Mehrfachbedeutung ist die entsprechende Fundstelle in Klammern angegeben, z. B. (**21** 4), wobei die fett gedruckte Zahl auf das jeweilige Kapitel verweist und die darauf folgende Ziffer die Übungsnummer angibt. Bei Substantiven, die *het*-Wörter sind, finden Sie die Angabe *(het)*. Alle anderen Substantive sind *de*-Wörter.
Außerdem werden folgende Abkürzungen und Symbole verwendet:

→	siehe	*fam.*	familiäres Register
Adv.	Adverb	*K*	Kapitel
T	Test	*Pl.*	Plural
~	Ersatz für den Hauptbegriff	*Pron.*	Pronomen
etw.	etwas		

A

aaien	streicheln
aanbieden	anbieten
aanbieding	Angebot
aangerend	angerannt
aangeven	angeben
aankleden	anziehen
aankomen	ankommen
aanmelden	anmelden
aanvoelen	sich anfühlen
aanwezig	anwesend
aanwijzen	anzeigen, zeigen
aap	Affe
aardig	nett
abonneren, zich	abonnieren
absoluut	absolut
absurd(e)	absurd
accepteren	akzeptieren
achtbaan	Achterbahn
achtentachtig	achtundachtzig
achtentwintig	achtundzwanzig
achttien	achtzehn
acteur	Schauspieler
administratie	Verwaltung
adres *(het)*	Adresse
afdrogen	abtrocknen
afhankelijk(e)	abhängig
afmaken	fertig machen
afspraak	Termin
afvragen, zich	sich fragen
afwassen	abwaschen
agent	Agent
al	schon
alcohol	Alkohol
alcoholisch(e)	alkoholisch
aldus	so
alle *(→ K 19)*	alle
allebei	beide
alleen	allein, nur
allemaal	alles
aller-	aller-
allergie	Allergie
alles	alles
als *(bei Vergleichen) (→ K 10)*	wie
als *(Konjunktion) (→ K 45)*	wenn
alsjeblieft	bitte
alsof	als ob
altijd	immer
alweer	schon wieder
amuseren, zich	sich amüsieren
ander(e)	andere
anders	anders; sonst (**10** 3, **37** 3)

andijvie	Endivie
animateur	Animateur
antwoord *(het)*	Antwort
antwoorden	antworten
apartement *(het)*	Apartment
apenhok *(het)*	Affenkäfig
apparaat *(het)*	Apparat
appel	Apfel
appelsap	Apfelsaft
appeltaart	Apfelkuchen
april	April
arresteren	verhaften
artiest	Künstler
arts	Arzt
assortiment *(het)*	Sortiment
Australië	Australien
Australische	Australierin
auteur	Autor
auto	Auto
autoraam *(het)*	Autofenster
autorijden	Auto fahren
avond	Abend
's avonds	abends

B

baas	Chef
baby	Baby
bad *(het)*	Badewanne
badkamer	Badezimmer
bakken	backen
balkon *(het)*	Balkon
ballingschap	Verbannung
banaan	Banane
band	Band
bang zijn	Angst haben
bank	Bank *(Sitzbank und Geldinstitut)*
basisschool	Grundschule
beantwoorden	beantworten
bed *(het)*	Bett
bedanken	danken
bedoelen	meinen
bedrijf *(het)*	Firma
beer	Bär
beest *(het)*	Tier
beetje: een ~	ein bisschen
begeleiden	begleiten
begieten	gießen
beginnen *(→ K 32)*	anfangen
begrijpen	verstehen
beïnvloeden	beeinflussen
beker	Becher
bekijken	ansehen
bekronen	prämieren
belangrijk(e)	wichtig
niets belangrijks	nichts Wichtiges
belasting	Steuer, Abgabe
België	Belgien
Belgisch(e)	belgisch
bellen	anrufen
beloning	Belohnung
beloven	versprechen
benieuwd zijn	gespannt sein
bereiken	erreichen
bericht *(het)*	Bericht
besluiten	beschließen
bespreken	besprechen
best(e) *(→ K 9, → K 40)*	bester; sehr gut
bestellen	bestellen
betalen	bezahlen
beter(e) *(→ K 9, → K 40)*	besser
bewerken	bearbeiten
bewijzen	beweisen
bezem	Besen
bezoek *(het)*	Besuch
bezoeken	besuchen
bibliotheek	Bibliothek
bier *(het)*	Bier
bij	bei
bijdragen	beitragen
bijna	beinahe
bijten	beißen

bijvoorbeeld	zum Beispiel
binden	festbinden
binnen	drinnen
binnenkomen	hereinkommen
bioloog	Biologe
bioscoop	Kino
blad *(het)*	Blatt
blauw(e)	blau
blijven	bleiben
blik *(het)*	Dose
bloem	Blume
blok *(het)*	Block
blozen	erröten
boek *(het)*	Buch
boeken	buchen
boekwinkel	Buchhandlung
bonbon	Praline
boodschappen	Einkäufe
boom	Baum
boon	Bohne
boos, boze	böse
boot	Boot
bord *(het)*	Schild (**37** 1)
bos *(het)*	Wald
botenshow	Bootsparade
boven	über, oberhalb von
branden	brennen
breedbekkikker	Breitmaulfrosch
breken	brechen
brief	Brief
broek	Hose
broer	Bruder
brood *(het)*	Brot
broodkruimel	Brotkrume
brouwen	brauen
buren *(Pl.)*	Nachbarn
bus	Bus
buurt	Nachbarschaft

C

cadeau *(het)*	Geschenk
café *(het)*	Café
Caribisch(e)	karibisch
catalogus	Katalog
catering	Catering
centrum *(het)*	Zentrum
champignon	Champignon
checken	prüfen
Chinees, Chinese	chinesisch
chocolade	Schokolade
cijfer *(het)*	Schulnote
citroen	Zitrone
clubhuis *(het)*	Klubhaus
collega	Kollege
compliment *(het)*	Kompliment
computer	Computer
concert *(het)*	Konzert
concurrent	Konkurrent
conditie	Kondition
consument	Verbraucher
contact *(het)*	Kontakt
controleren	kontrollieren
crimineel	Krimineller
cultuur	Kultur
cursist	Kursteilnehmer
cursus	Kurs
cursusleider	Kursleiter

D

daar	da, dort; dahin (**19** 3)
daarmee	damit
daarna	danach
daarom	deswegen
daarover	darüber
daarvoor	dafür; davor
dag	Tag
dagelijks	täglich
dames en heren	Meine Damen und Herren
dan *(Adv.)*	dann

dan *(bei Vergleichen)* *(→ K 10)*	als
dank	Dank
Dank u wel.	Danke sehr!
dankbaar	dankbar
dankbaarheid	Dankbarkeit
dansen	tanzen
dansschool	Tanzschule
dapper	tapfer
dat *(Demonstrativpron.)* *(→ K 14)*	das (dort)
dat klopt	das stimmt
dat *(Konjunktion)* *(→ K 45)*	dass
dat *(Relativpron.)* *(→ K 17)*	das
de *(→ K 3)*	der, die, das
deksel *(de/het)*	Deckel
demonstreren	demonstrieren
denken	denken
derde	dritter
deze *(→ K 14)*	dieser, diese, diese
die *(Demonstrativpron.)* *(→ K 14)*	der (dort), die (dort)
die *(Relativpron.)* *(→ K 17)*	der, die, das
diep(e)	tief
dier *(het)*	Tier
dierentuin	Zoo
dik, dikke	dick
ding *(het)*	Ding
dinsdag	Dienstag
direct(e)	direkt
dirigent	Dirigent
dit *(→ K 14)*	dieser, diese, dieses
dochter	Tochter
doelpunt *(het)*	Tor
doen	tun, machen
dokter	Arzt
domheid	Dummheit
Don = donderdag	Donnerstag
donker(e)	dunkel
doodmoe	todmüde
doof, dove	taub
door	durch
door de week *(→ K 21)*	unter der Woche
door elkaar	durcheinander
door *(→ K 39)*	von
doordat *(→ K 45)*	dadurch, dass
doorgaan	durchgehen
Doornroosje	Dornröschen
doorslapen	weiterschlafen
doorwerken	durcharbeiten
dorp *(het)*	Dorf
dorst	Durst
douchen	duschen
dragen	tragen
drank	Getränk
drie	drei
driehonderdduizend	dreihunderttausend
dringend	dringend
drinken	trinken
droom	Traum
druif	Traube
drukken	drücken
drukkerij	Druckerei
druppel	Tropfen
duidelijk	deutlich
Duits *(het)*	Deutsch
Duitser	Deutscher
Duitsland	Deutschland
dun, dunne	dünn
durven	sich trauen
dus *(→ K 44)*	also
duur, dure	teuer
dwerg	Zwerg
dwingen	zwingen

E

echt(e)	wirklich, echt
één	ein *(betont)*
een *(→ K 3)*	ein
een beetje	ein bisschen

één keer	ein Mal
een paar *(→ K 19)*	ein paar
eenmaal	einmal
eens	mal *(fam.)*
er was eens	es war einmal
het eens zijn	einer Meinung sein
eerder	früher, eher
eergisteren	vorgestern
eerlijk	ehrlich
eerst	zuerst
eerste	erster, erste
eerstejaars	im ersten Jahr
ei *(het)*	Ei
eigenaar	Eigentümer
eigenlijk	eigentlich
eiland *(het)*	Insel
eindelijk	endlich
eindexamen *(het)*	Abschlussprüfung
elf	elf
elk(e) *(→ K 19)*	jeder
elkaar *(→ K 16)*	einander
e-mail	E-Mail
emmer	Eimer
emotioneel, emotionele	emotional
en *(→ K 19)*	und
en … en *(→ K 19)*	sowohl … als auch
energie	Energie
Engels *(het)*	Englisch
enig(e) *(Adjektiv)*	einzig
enig(e) *(Pron.) (→ K 19)*	irgendein(e), *Pl.:* einige
enkel(e) *(→ K 19)*	einige
enthousiast(e)	begeistert
er *(→ K 41-43, 49)*	da; davon
er is/er zijn *(→ K 41)*	es gibt
er zijn *(→ K 41)*	da sein
erg	sehr
erg(e)	schlimm
ergens	irgendwo
ergeren, zich	sich ärgern
erop *(→ K 42)*	darauf
erover *(→ K 42)*	darüber

eruitzien *(→ K 42)*	aussehen
ervoor	dafür
eten	essen
eten *(het)*	Essen
euro	Euro
even	eben
even zo … als *(→ K 10)*	ebenso … wie
ex-	Ex-
exact(e)	genau
examen *(het)*	Examen

F

familie	Familie
fantastisch(e)	fantastisch
favoriet(e)	Lieblings-
feest *(het)*	Fest
feestelijkheden	Feierlichkeiten
feit *(het)*	Tatsache
feliciteren	gratulieren
fiets	Fahrrad
fietsen	Rad fahren, radeln
figuur *(de/het)*	Figur
fijn(e)	schön
file	Stau
film	Film
filmset	Filmset
filosofie	Philosophie
finale	Finale
financieel, financiële	finanziell
fit, fitte	fit
fles	Flasche
formaat *(het)*	Format
formulier *(het)*	Formular
foto	Foto
fout	Fehler
fout(e)	falsch
Frankrijk	Frankreich
Frans(e)	französisch

G

gaan	gehen
gaan over	handeln von
garage	Werkstatt
gat *(het)*	Loch
gauw	bald
gebeuren	passieren
geboren	geboren
gebouw *(het)*	Gebäude
gebruik *(het)*	Gebrauch
gebruik maken	Gebrauch machen
gebruiken	verwenden
gecompliceerd	kompliziert
gedachte	Gedanke
gedragen, zich	sich benehmen
gedwongen	→ dwingen
geel, gele	gelb
geen	keiner, keine, keines
geheel	Ganzes
gek, gekke	verrückt *(fam.)*
gekkie	Dummerchen *(fam.)*
gekocht	→ kopen
gekozen	→ kiezen
geld *(het)*	Geld
geleden *(→ K 21)*	vor
geloven	glauben
gelukkig(e)	glücklich
gelukkig	zum Glück
gemeen, gemene	gemein
gemeente	Gemeinde
genieten	genießen
genoeg	genug
geschrokken	erschrocken
gesprek *(het)*	Gespräch
gesproken: normaal ~	normalerweise
gestolen	gestohlen
geven	geben
gewicht *(het)*	Gewicht
gewoon	normal; einfach (**21** 2, **24** 4)
gezellig(e)	unterhaltsam
gezicht *(het)*	Gesicht
gisteren	gestern
glad, gladde	glatt
glas *(het)*	Glas
glasbak	Glascontainer
goed(e)	gut
Goedemorgen.	Guten Morgen.
goedkoop, goedkope	preiswert
gooien	werfen
gouden	golden, Gold-
graag	gern
grafiek	Grafik
gram *(het)*	Gramm
grammatica	Grammatik
grandioos, grandioze	großartig
grappig(e)	lustig
iets grappigs	etwas Lustiges
gras *(het)*	Gras
grasspriet	Grashalm
gratis	kostenlos
grazen	grasen
grens	Grenze
Grietje	Gretel
grijpen	ergreifen
grijs, grijze	grau
groen(e)	grün
groenteman	Gemüsemann
groep	Gruppe
groetjes	Grüße
groot, grote	groß

H

haar *(→ K 12, → K 13)*	ihr, sie, ihre
haar *(de/het)*	Haar
haasten, zich	sich beeilen
halen	holen; erreichen (**16** 1)
half, halve	halb
Hallo!	Hallo!
halte	Haltestelle
hand	Hand
handdoek	Handtuch

handelen	handeln
handig(e)	handlich
Hans	Hänsel (**35** 4)
hap	Bissen
hard(e)	hart
hart *(het)*	Herz
van harte	herzlich
hartstikke	ganz, total
haven	Hafen
hebben *(→ K 25)*	haben
heel	sehr
heel, hele	ganz
heenweg	Hinweg
heer	Herr
heerlijk	herrlich
heet, hete	heiß
hekel hebben	nicht ausstehen können
helaas	leider
helemaal	ganz
helemaal geen	überhaupt kein
helemaal niet	gar nicht
helemaal niets	überhaupt nichts
helm	Helm
helpen	helfen
hem *(→ K 12)*	ihm, ihn
hen *(→ K 12)*	sie, ihnen
herfst	Herbst
herinneren, zich	sich erinnern
herkennen	erkennen
het *(→ K 3, → K 11-K 12)*	das; ihm; es
het *(+ Superlativ) (→ K 9, → K 40)*	am
het beste *(→ K 9, → K 40)*	am besten
het liefst *(→ K 9, → K 40)*	am liebsten
het minst	am wenigsten
heten	heißen
hier	hier
hij *(→ K 11)*	er
hijgen	hecheln
historicus	Historiker
hitte	Hitze
hockeyteam *(het)*	Hockeymannschaft
hoe? *(→ K 20)*	wie?
hoe … hoe	je … desto
hoek	Ecke
hoeveel? *(→ K 20)*	wie viel?
hoeven *(→ K 27)*	brauchen
Dat hoeft niet.	Nicht nötig.
hoewel *(→ K 45)*	obwohl
hoezo? *(→ K 20)*	wieso?
Hoi!	Hallo!
hond	Hund
honger	Hunger
hoofd *(het)*	Haupt
hoofdstad	Hauptstadt
hoogte: op de ~ zijn	informiert sein
hoop	Hoffnung
in de hoop	in der Hoffnung
hopelijk	hoffentlich
horen	hören
houden	halten
houden van	lieben, mögen
hout *(het)*	Holz
huilen	weinen
huis *(het)*	Haus
huiswerk *(het)*	Hausaufgaben
huiswerk doen	Hausaufgaben machen
hulp	Hilfe
hun *(→ K 12, → K 13)*	sie, ihnen; ihr, ihre
huren	mieten

I

idee (de/het)	Idee
ieder(e) *(→ K 19)*	jeder
iedereen *(→ K 19)*	jeder
iemand *(→ K 19)*	jemand
iets *(→ K 19)*	etwas
ijs *(het)*	Eis
ijskoud(e)	eiskalt
ijszaak	Eisdiele

ik *(→ K 11)*	ich
in *(→ K 21)*	in, an
in de buurt van	in der Nähe von
in een keer	in einem Rutsch
inademen	einatmen
inderdaad	in der Tat
indirecte rede	indirekte Rede
informeren	sich informieren
ingespannen	angespannt, konzentriert
inladen	einpacken
innig(e)	innig
inpakken	einpacken
inspiratie	Inspiration
interessant(e)	interessant
interesseren	interessieren
zich ~	sich interessieren
internet *(het)*	Internet
invoering	Einführung
invullen	einsetzen
inwoner	Einwohner
Italiaans(e)	italienisch

J

ja	ja
jaar *(het)*	Jahr
jagen	jagen
jaloers(e)	neidisch
jammer	schade
jammer genoeg	leider
jammeren	jammern
januari	Januar
jarig zijn	Geburtstag haben
je *(→ K11-13, → K 16)*	du; dir, dich; euch; dein, euer
je	man
jij *(→ K 11)*	du
joggen	joggen
jongen	Junge
jou *(→ K 12)*	dir, dich
journalist	Journalist
journalistiek	Journalismus
jouw *(→ K 13)*	dein, deine
juf	Frau *(Anrede* für eine Lehrerin*)*
juist(e)	richtig
juli	Juli
jullie *(→ K 11-13)*	ihr; euch; euer, eure
jurk	Kleid

K

kaart	Karte
kaas	Käse
kamer	Zimmer
kammen	kämmen
kans	Chance
kansloos	chancenlos
kantoor *(het)*	Büro
kapot, kapotte	kaputt
kappen *(het)*	Fällen (**39** 3)
kapper	Friseur
kas	Kasse
kassa	Kasse
kast	Schrank
kasteel *(het)*	Schloss
kat	Katze
keepster	Torfrau
keer	Mal
in een keer	auf einmal
kennen	kennen
kennis	Kenntnis
ketting	Kette
keuken	Küche
kiezen	wählen
kijken	schauen
kilo	Kilo
kilometer	Kilometer
kind *(het)*	Kind
kinderboek *(het)*	Kinderbuch
klant	Kunde
klas	Klasse
kleden, zich	sich kleiden
kleding	Kleidung

klein(e)	klein
kleiner(e)	kleiner
klimmen	klettern
knallend(e)	rauschend
knippen	schneiden
knop	Knopf
koe	Kuh
koekje *(het)*	Keks
koffer	Koffer
koffie	Kaffee
koffiedrinken	Kaffeetrinken
koken	kochen
kolonie	Kolonie
komen *(→ K 25)*	kommen
konijn *(het)*	Kaninchen
koning	König
koningin	Königin
Koningsdag	Königstag *(Geburtstag des Königs, Feiertag in NL)*
koningspaar *(het)*	Königspaar
koninklijk(e)	königlich
kopen	kaufen
kopiëren	kopieren
kopje *(het)*	Tässchen
kosten	kosten
kou	Kälte
krant	Zeitung
krijgen	bekommen, kriegen
kroon	Krone
kruis *(het)*	Kreuz
kruispunt *(het)*	Kreuzung
kunnen *(→ K 27)*	können
kunstwerk *(het)*	Kunstwerk
kusje *(het)*	Küsschen
kussen	küssen
kust	Küste
kwaliteit	Qualität
kwart over drie	Viertel nach drei
kwartier *(het)*	Viertelstunde

L

laag, lage	niedriger, geringer
laaiend	hellauf
laat, late	spät
laatst(e)	letzter
lachen	lachen
land *(het)*	Land
landschap *(het)*	Landschaft
lang	lange
lang niet	bei Weitem nicht
lang(e)	lang
langer	länger
langskomen	vorbeikommen
langzaam	langsam
laptop	Laptop
laten	lassen
later	später
lawaai *(het)*	Lärm
leden	Mitglieder
leeftijd	Alter
leeg, lege	leer
leerling	Schüler
leerplichtig(e)	schulpflichtig
leiden	führen
leidinggevende	Vorgesetzer
lekker	bequem (**15** 3, **24** 4)
lekker voelen, zich	sich gut fühlen
lekker(e)	lecker; schön (**6** 1, T1, **16** 1, **24** 3, **26** 3, **36** 1, **46** 2); gut (**15** 3, **24** 4)
lenen	leihen
lengte	Größe
leraar	Lehrer
lerares	Lehrerin
leren	lernen
leuk(e)	nett, toll; schön
leven *(het)*	Leben
levenswerk *(het)*	Lebenswerk
leveren	liefern
lezen	lesen
licht *(het)*	Licht

licht(e)	leicht; hell (**8** 4)
lief, lieve	lieb
het liefst	am liebsten
liefs	liebe Grüße, alles Liebe *(als Briefschluss)*
liefdevol, liefdevolle	liebevoll
lievelings-	Lieblings-
liever *(→ K 40)*	lieber
lift	Aufzug
liggen	liegen
liggen te *(→ K 28)*	dabei sein, gerade tun
lijken op	ähnlich sehen
likken	lecken
liter	Liter
logisch(e)	logisch
lopen	laufen, gehen
door iets lopen	durch etw. verlaufen
lopen te *(→ K 28)*	dabei sein, gerade tun
lucht	Luft
luisteren	hören, zuhören

M

m = mannelijk	männlich
maand	Monat
maandag	Montag
op maandag	am Montag
maandenlang	monatelang
maar *(Adv.)*	nur
maar *(Konjunktion) (→ K 19)*	aber, sondern
machinist	Lokomotivführer
mail	Mail
maken	machen
makkelijk(e)	einfach
mama	Mama
man	Mann
markt	Markt
mascara	Mascara
me *(→ K 12, → K 16)*	mir, mich
medaille	Medaille
medicijn *(de/het)*	Medizin
mee (→ K 21)	mit
meegaan	mitgehen
meekomen	mitkommen
meel *(het)*	Mehl
meenemen	mitnehmen
meer *(→ K 9, → K 40)*	mehr
meest(e) *(→ K 9, → K 40)*	meister
mei	Mai
meisje *(het)*	Mädchen
melk	Milch
meneer	Herr *(Anrede)*
mens	Mensch
menu *(het)*	Menü, Speisekarte
merken	merken
met *(→ K 21)*	mit
meteen	sofort
mevrouw	Frau *(Anrede)*
middag	Mittag
midden	mitten
mij *(→ K 12)*	mir, mich
mijn *(→ K 13)*	mein, meine
miljoen	Million
minder *(→ K 9, → K 40)*	weniger
minimumloon *(het)*	Mindestlohn
minister	Minister
minister-president	Ministerpräsident
minst *(→ K 9, → K 40)*	wenigster; am wenigsten
minstens	mindestens
minuut	Minute
misschien	vielleicht
missen	verpassen
misverstand *(het)*	Missverständnis
modern(e)	modern
moe	müde
moeder	Mutter
moeilijk(e)	schwierig
moeite	Mühe
moeten *(→ K 27)*	müssen, sollen
mogelijk maken	ermöglichen
mogelijkheid	Möglichkeit

mogen *(→ K 27)*	dürfen
dat mag	das ist okay
moment *(het)*	Moment
monteur	Monteur
mooi(e)	schön
morgen	morgen
morgen	Morgen
motor	Motorrad
muis	Maus
munt	Münze
museum *(het)*	Museum
muur	Mauer
muziek	Musik
muzikant	Musikant

N

na *(→ K 21)*	nach *(zeitl.)*
naam	Name
naar *(→ K 21)*	nach *(örtl.)*, in, zu
naar huis	nach Hause
naast	neben
nacht	Nacht
nadat *(→ K 45)*	nachdem
nadenken	nachdenken
natuurlijk	natürlich
Nederland	Niederlande
Nederlander	Niederländer
Nederlands *(het)*	Niederländisch
Nederlands(e)	niederländisch, aus den Niederlanden
nee	nein
Nee hoor, …	Ach nein, …
Nee joh, …	Ach nein, …
neerzetten	hinstellen
negenentwintig	neunundzwanzig
negentienhonderdachtentachtig	neunzehnhundertachtundachtzig
negeren	ignorieren
nemen	nehmen
nergens	nirgends
net	gerade eben
net zo … als *(→ K 10)*	genauso … wie
nicht	Nichte
niemand *(→ K 19)*	niemand, keiner
niet	nicht
niet alleen … maar ook *(→ K 44)*	nicht nur …, sondern auch …
niet meer	nicht mehr
niets *(→ K 19)*	nichts
nieuw(e)	neu
niezen	niesen
niks	nichts
noch … noch *(→ K 44)*	weder … noch
nodig hebben	brauchen
noemen	nennen
nog	noch
nog steeds	noch immer
nog steeds niet	immer noch nicht
nooit	nie
normaal gesproken	normalerweise
nou *(Adv.)*	jetzt
nou *(Interjektion)*	also, na
nu	jetzt, nun
nummer *(het)*	Nummer

O

oefening	Übung
Oeps!	Ups!
of	oder
of … of *(→ K 44)*	entweder … oder
of *(→ K 46)*	ob
oké	okay
olijf	Olive
olympiade	Olympiade
om *(→ K 21)*	um
om … te *(→ K 45)*	um … zu
oma	Oma
omdat *(→ K 45)*	weil
omdraaien, zich	sich umdrehen
omgekeerd	wiederum
omhelzen	umarmen
onbegaanbaar	nicht zu begehen
onder *(Adv.)*	unten

onder *(Präposition)*	unter
onduidelijkheid	Unklarheit
ongecensureerd	unzensiert
ongeluk *(het)*	Unglück
ongeveer	ungefähr
onlogisch(e)	unlogisch
ons *(→ K 12-13, → K 16)*	uns; unser, unsere
ontbijt *(het)*	Frühstück
ontbijten	frühstücken
ontdekken	entdecken
ontharen	enthaaren
ontvangen	empfangen
ontwikkeling	Entwicklung
ontzettend(e)	schrecklich *(fam.)*
onze *(→ K 13)*	unser, unsere
onzin	Unsinn
oog *(het)*	Auge
geen oog dicht doen	kein Auge zumachen
ooievaar	Storch
ook	auch
oom	Onkel
oorspronkelijk(e)	ursprünglich
Oostenrijk	Österreich
op *(→ K 21)*	auf, an, am
op dit moment	zurzeit
op kantoor *(→ K 21)*	im Büro
op tijd	rechtzeitig
op maandag	am Montag
opa	Opa
opdrinken	austrinken
open-air concert *(het)*	Open-Air-Konzert
openen	eröffnen (**39** 2)
ophalen	abholen
ophouden *(→ K 32)*	aufhören
opmerking	Bemerkung
opruimen	aufräumen
opschrijven	aufschreiben
opstaan	aufstehen
opsturen	zuschicken
opvallen	auffallen
opvallend(e)	auffällig
oranje	orange
orde	Ordnung
in orde zijn	in Ordnung sein
organiseren	organisieren
orkest *(het)*	Orchester
oud(e)	alt
ouders	Eltern
over *(→ K 21)*	über, nach, in
overal	überall
overleven	überleben
overmorgen	übermorgen
overtuigen	überzeugen

P

paar *(het)*	Paar
pakje *(het)*	Päckchen
pakken	nehmen
pakket *(het)*	Paket
pan	Pfanne
pannenkoek	Pfannkuchen
papa	Papa
papier *(het)*	Papier, Blatt Papier
Parijs	Paris
park *(het)*	Park
parkeergarage	Parkhaus
parkeerplaats	Parkplatz
parkeren	parken
pas	erst
passen	passen, aufpassen
pastagerecht *(het)*	Nudelgericht
patat	Pommes frites
patholoog	Pathologe
patiënt	Patient
peer	Birne
pen	Stift
per	pro
per uur	pro Stunde
perfect(e)	perfekt
persoonlijk(e)	persönlich
piepklein(e)	winzig
plaats	Ort, Stelle, Platz

plaatsvinden	stattfinden
plan *(het)*	Plan
plannen	planen
planning	Planung
plant	Pflanze
plassen	pieseln
plastic *(het)*	Plastik-
plonzen	plantschen
plotseling	plötzlich
poes	Katze
poetsen	putzen
poffertjes	Poffertjes *(niederl. kleine Pfannkuchen)*
politicus	Politiker
politiek	Politik
poot	Pfote
popfestival *(het)*	Pop-Festival
post	Post
pot	Topf
praktisch(e)	praktisch
praten	sprechen, reden
precies, precieze	genau
prijs	Preis
prima	prima
prinses	Prinzessin
proberen	versuchen
probleem *(het)*	Problem
proef-CD	Muster-CD
programma *(het)*	Programm
provincie	Provinz
publiek *(het)*	Publikum
pudding	Pudding
punt *(het)*	Punkt
puur, pure	rein

R

radio	Radio
realiseren, zich	realisieren
recept *(het)*	Rezept
receptioniste	Empfangsdame
rechtdoor	geradeaus
recordtijd	Rekordzeit
reëel, reële	reel
regel	Regel
regeren	regieren
regering	Regierung
regisseur	Regisseur
reis	Reise
reizen	reisen
rekening	Rechnung
rekening houden	berücksichtigen
relatieve bijzinnen	Relativsätze
rennen	rennen
repareren	reparieren
restaurant	Restaurant
resultaat *(het)*	Resultat
richting	Richtung
rij	Schlange (**43** 3)
rijden	(Auto) fahren
rij-examen *(het)*	Führerscheinprüfung
rijk(e)	reich
rijkdom	Reichtum
rijrichting	Fahrtrichtung
ring	Ring
ritme *(het)*	Rhythmus
roepen	rufen
roken	rauchen
rol	Rolle
rondlopen	herumlaufen
rood, rode	rot
rose	rosa
rugzak	Rucksack
ruiken	riechen
ruim(e)	groß
ruïne	Ruine
ruzie	Streit

S

’s avonds	abends
salade	Salat
samen	zusammen
samenwerken	zusammenarbeiten

sappig(e)	saftig
schaatsen	Schlittschuh laufen
schaatsroute	Schlittschuhstrecke
schat	Schatz
schatje *(het)*	Schätzchen
schepen	*Pl.* von → schip
schijnen	scheinen
schilder	Maler
schilderen	malen
schilderij *(het)*	Gemälde
schip *(het)*	Schiff
schoen	Schuh
in de schoenen schuiven	in die Schuhe schieben
scholier	Schüler
school	Schule
schooltijd	Schulzeit
schoon, schone	sauber
schoonmaken	saubermachen
schoot	Schoß
schrift *(het)*	Heft
schrijven	schreiben
schrikken	sich erschrecken (**34** 2)
schuiven	schieben
schuldige	Schuldiger
scoren	erzielen
september	September
shoppen gaan	shoppen gehen
sigaret	Zigarette
sinds *(→ K 45)*	seit
Sinterklaas	Nikolaus
skiën	Ski fahren
slaap	Schlaf
slaapkamer	Schlafzimmer
slagen	bestehen
slank(e)	schlank
slapen	schlafen
slecht(e)	schlecht
sleutel	Schlüssel
slordig(e)	unordentlich
smaken	schmecken
Sneeuwwitje	Schneewittchen
snel, snelle	schnell
sneltram	S-Bahn
snurken	schnarchen
soep	Suppe
sollicitatiegesprek *(het)*	Bewerbungsgespräch
solliciteren	sich bewerben
sommige *(→ K 19)*	manche
soms	manchmal
Spaans *(het)*	Spanisch
spaarzaam, spaarzame	sparsam
spaghetti	Spaghetti
Spanje	Spanien
spannend(e)	spannend
spelen	spielen
spijt	Bedauern
het spijt me	es tut mir leid
spin	Spinne
spinazie	Spinat
spoor *(het)*	Gleis
sport	Sport
sporten	Sport machen
sporter	Sportler
sportief, sportieve	sportlich
spreekwoord	Sprichwort
spreken	sprechen
staan	stehen
het staat je	es steht dir
staan te *(→ K 28)*	dabei sein, gerade tun
stad	Stadt
stadspark *(het)*	Stadtpark
staken	streiken
stapel	Stapel
stappen	(ein)steigen
startknop	Startknopf
station *(het)*	Bahnhof
stationsplein *(het)*	Bahnhofsplatz
steeds	immer
steen	Stein
stellen	stellen
stem	Stimme

sterk(e)	stark
stilletjes	leise
stoel	Stuhl
stofzuigen *(→ K 26)*	staubsaugen
stom, stomme	dumm
stoomboot	Dampfer
storen	stören
straat	Straße
stralen	strahlen
strand *(het)*	Strand
streng(e)	streng
stressbestendig(e)	belastbar
strijken	bügeln
stromen	fließen
strompelen	humpeln
strooien	streuen
stroopwafel	Waffel mit Sirup *(niederl. Gebäck)*
student	Student
studentenwoning	Studentenwohnung
studeren	studieren
stuk *(het)*	Stück
sturen	schicken
supermarkt	Supermarkt
systeem *(het)*	System

T

taal	Sprache
taart	Kuchen; Torte
tabel	Tabelle
tafel	Tisch
tandarts	Zahnarzt
tandpasta	Zahnpasta
tanken	tanken
tas	Tasche
taxi	Taxi
te	zu
tegen	gegen; zu (**24** 4)
tegenspeelster	Gegenspielerin
tegenwoordig	heute, heutzutage
tekenaar	Zeichner
tekenen	zeichnen
tekening	Zeichnung
tekst	Text
telefoneren	telefonieren
telefoon	Telefon
telefoongesprek *(het)*	Telefonat
telefoonnummer *(het)*	Telefonnummer
telefoontje *(het)*	Telefonat
televisie	Fernseher
tennis	Tennis
tennisles	Tennisstunde
terras *(het)*	Terrasse
terug	zurück
terugbellen	zurückrufen
terugkomen	zurückkommen
terwijl *(→ K 45)*	während
tevreden	zufrieden
thee	Tee
theepot	Teekanne
thema *(het)*	Thema
thuis	zu Hause
thuiskomen	heimkommen
tien	zehn
tijd	Zeit
op tijd komen	pünktlich sein
tijdens	während
tijdschrift *(het)*	Zeitschrift
tillen	heben
tip	Tipp
toch	doch
toen *(→ K 34, → K 45)*	als; dann
tomaat	Tomate
top	Spitze
tot *(→ K 21)*	bis
tot(dat) *(→ K 45)*	bis
traan	Träne
trap	Treppe
trein	Zug
trek hebben	Lust haben
trots(e)	stolz
trouwens	übrigens

trui Pullover
T-shirt *(het)* T-Shirt
tube Tube
tuin Garten
tulp Tulpe
tussen zwischen
twee zwei
tweeduizend zweitausend
tweeënnegentig zweiundneunzig
tweehonderdeenenveertig zweihunderteinundvierzig

U

u *(→ K 11-12, → K 16)* Sie; Ihnen; sich
uit aus
uitgaan ausgehen
uitgang Ausgang
uitgenodigd eingeladen
uitgeven ausgeben
uitglijden ausrutschen
uitlaten rauslassen
uitleggen erklären
uitlezen durchlesen
uitmaken ausmachen
uitnodiging Einladung
uitslapen ausschlafen
uitstappen aussteigen
uitzicht *(het)* Aussicht
urenlang stundenlang
uur *(het)* Uhr; Stunde
uw *(→ K 13)* Ihr, Ihre

V

v = vrouwelijk weiblich
vaak oft
vader Vater
vak *(het)* Fach
vakantie Urlaub, Ferien
  op vakantie gaan in Urlaub fahren
vakantiehuis *(het)* Ferienhaus
vallen fallen
vals, valse falsch
van von
  van harte herzlich
vanaf ab
vanavond heute Abend
vandaag heute
vandaan weg, heraus
vanmiddag heute Mittag
vanmorgen heute Morgen
vast bestimmt
vechten kämpfen
veel viel
veel, vele *(→ K 19)* viele
veranderen ändern; sich ändern
verbaasd erstaunt
verbazen, zich sich wundern, staunen
verbeteren verbessern
verbinden verbinden
verblijf *(het)* Aufenthalt
verbouwen bauen
verdienen verdienen
verdiepen, zich sich vertiefen
vereniging Verein
vergeten *(→ K 32)* vergessen
vergissen, zich sich irren
verhaal *(het)* Geschichte
verheugen, zich sich freuen
verhuizen umziehen
verjaardag Geburtstag
verjaardagsfeest *(het)* Geburtstagsparty
verkeer *(het)* Verkehr
verkeerd(e) verkehrt
verkoper Verkäufer
verlaten verlassen
verliefd(e) verliebt
verliezen verlieren
verrassing Überraschung
vers(e) frisch
verschil *(het)* Unterschied
verschrikkelijk(e) schrecklich
verslapen, zich verschlafen

verstaan	verstehen
vertellen	erzählen
vertoond: alles is al eerder ~	alles ward schon einmal gesehen
vertraging	Verzögerung
vervelen, zich	sich langweilen
vervolgens	anschließend
verwachten	erwarten
verward	verwirrt
verwarming	Heizung
verwoesten	zerstören
verzorgen	versorgen
vet, vette	fettig
vier	vier
vieren	feiern
vies, vieze	schmutzig
vijf	fünf
vijfde	fünfter
vijftigste	fünfzigster
vinden	finden
vinger	Finger
vis	Fisch
vissen	angeln
vlag	Flagge
vliegen	fliegen
vliegtuig *(het)*	Flugzeug
vlucht	Flug
vluchten	fliehen
voetbal *(de/het)*	Fußball
vogel	Vogel
volgen	folgen
volgend(e)	folgender
volgens mij	meiner Meinung nach
volwassen	erwachsen
voor *(→ K 21)*	vor; für
voorbereiden	vorbereiten
voordat *(→ K 45)*	bevor
voordeel *(het)*	Vorteil
voorgerecht *(het)*	Vorspeise
voorkomen	vorbeugen
voorkomen *(→ K 26)*	verhindern, zuvorkommen
voorlezen	vorlesen
voorstel *(het)*	Vorschlag
voorstellen	vorschlagen
voorstellen, zich	sich vorstellen
voorzichtig(e)	vorsichtig
vorig(e)	voriger
vraag	Frage
vragen	fragen
vreselijk(e)	schrecklich
vriend	Freund
vriendin	Freundin
vrij(e)	frei
vrij nemen	freinehmen
vrijdag	Freitag
vrijdags	freitags
vroeg	früh
vroeger	früher
vrolijk	fröhlich
vrouw	Frau
vrucht	Frucht
vullen	einräumen (**40** 3)

W

waaien	wehen
waar (*Relativpron.*) *(→ K 18)*	der, die, dem, den, das
waar, ware	wahr
waar? *(→ K 20)*	wo?
waar … naartoe	wohin
waarin	worin
waarnaar	über das (**18** 2)
waarom? *(→ K 20)*	warum?
waarover	worüber
waarschijnlijk(e)	wahrscheinlich
waarvan	wovon
waarvoor	wofür
wachten	warten
wakker(e)	wach
wandelen	spazieren gehen
wandeling	Spaziergang
wang	Wange

wanneer? *(→ K 20)*	wann?
want *(→ K 44)*	denn
warm(e)	warm
wassen	waschen
zich ~	sich waschen
wat *(+ Subst.)*	was für ein, welch
wat *(Adv.)*	wie
wat *(Relativpron.)*	was
wat? *(→ K 20)*	was?
water *(het)*	Wasser
we	wir
wedstrijd	Wettkampf
week	Woche
door de week	unter der Woche
weekend *(het)*	Wochenende
in het weekend	am Wochenende
weer	wieder
weer *(het)*	Wetter
weerzien *(het)*	Wiedersehen
weg	Weg
wegen	wiegen
weggaan	weggehen
weglopen	weglaufen
wegwerkzaamheden *(Pl.)*	Straßenbauarbeiten
weinig	wenig
wekken	wecken
wekker	Wecker
wel	schon; wohl; bestimmt (**43** 3)
welk(e)? *(→ K 20)*	welcher?
welkom	willkommen
wellness-aanbod *(het)*	Wellness-Angebot
wensen	wünschen
werk *(het)*	Arbeit, Arbeitsplatz
werken	arbeiten
werktijd	Arbeitszeit
weten	wissen
wie *(Relativpron.)* *(→ K 18)*	der, die, dem, den
wie? *(→ K 20)*	wer?, wem?, wen?
wij *(→ K 11)*	wir
wijn	Wein
willen *(→ K 27)*	wollen, mögen
wind	Wind
winkel	Laden, Geschäft
winnen	gewinnen
wit, witte	weiß
woensdag	Mittwoch
wonen	wohnen
woning	Wohnung
woonkamer	Wohnzimmer
woord *(het)*	Wort
worden	werden
worm	Wurm
worst	Wurst
wortel	Möhre (**43** 2)

Z

zakken	nicht bestehen, durchfallen
door de knieën ~	sich hinknien
in elkaar ~	zusammenfallen
zanger	Sänger
zaterdag	Samstag
ze *(→ K 11-12)*	sie, ihnen
zee	Meer
zeep	Seife
zeggen	sagen
zeilen	segeln
zeker(e)	sicher
zelf	selbst; sogar (**40** 3)
zes	sechs
zetten	stellen, setzen
zeven	sieben
zevenentwintig	siebenundzwanzig
zich (→ K 16)	sich
zicht *(de/het)*	Sicht
zichzelf	sich selbst
ziek(e)	krank
ziekenhuis *(het)*	Krankenhaus
zien	sehen
zij *(→ K 11)*	sie
zijden(e)	aus Seide

zijn *(Possessivpron.)* *(→ K 13)*	sein, seine
zijn *(→ K 25)*	sein
af zijn	fertig sein, erledigt sein
aan de hand zijn	anliegen, los sein (**41** 3)
zijn aan het *(→ K 28)*	dabei sein, gerade tun
zin hebben	Lust haben
zingen	singen
zitten	sitzen; sein (**42** 1, **44** 3)
zitten te *(→ K 28)*	dabei sein, gerade tun
op zich laten zitten	auf sich sitzen lassen
zo	so
zo min mogelijk	möglichst wenig
zo'n *(→ K 13)*	so ein
zoal	eigentlich
zodat *(→ K 45)*	sodass
zoeken	suchen
zoiets	so etwas
zomaar	einfach so
zomer	Sommer
zomerdag	Sommertag
zomermaand	Sommermonat
zon	Sonne
zondag	Sonntag
zondagochtend	Sonntagabend
zonnig(e)	sonnig
zoon	Sohn
zorg	Sorge
zorgen	sorgen
zoveel	so viel
zowel … als *(→ K 44)*	sowohl … als auch
zucht	Seufzer
zuchtje *(het)*	Hauch
zulk(e) *(→ K 13)*	solch
zullen *(→ K 27, → K 36)*	werden
zus	Schwester
zuur, zure	sauer
zwaaien	winken
zwaar, zware	schwer
zwart, zwarte	schwarz
zwembad *(het)*	Schwimmbad
zwemmen	schwimmen